ARCHIVES DES LETTRES MODERNES

185

DENISE AEBERSOLD

Céline

un démystificateur mythomane

ARCHIVES

Céline

n° 3

PARIS – LETTRES MODERNES – 1979

SIGLES ET ABRÉVIATIONS

Ro   *Romans* (Paris, Gallimard, « Bibliothèque de la Pléiade »). Sauf indication contraire et sans autre précision de sigle tous les renvois sont à la pagination des deux volumes :

I   *Voyage au bout de la nuit. Mort à crédit.*   (1962)

II   *D'un château l'autre. Nord. Rigodon* (p.p. H. GODARD).   (1974)

Œ,I, II...   *Œuvres*, p.p. Jean A. DUCOURNEAU (Paris, André Balland, 1966—1969), 5 vol.

HER   *L.-F. Céline.* Paris, Éditions de L'Herne, 1972 (Coll. « Les Cahiers de L'Herne »). Réédition en un volume de :

            HER3 : « Cahiers de L'Herne », n° 3 (1963)

            HER5 : « Cahiers de L'Herne », n° 5 (1965)

           Sans précision de tome, nos renvois sont à la réédition en un volume.

LFC1   *L.-F. Céline 1*, etc. (fascicules annuels de *La Revue des lettres modernes*).

CC   *Cahiers Céline* (Paris, Gallimard, 1976 →).

CC1   *Céline et l'actualité littéraire (1932—1957)*   [Gallimard, 1976]

CC2   *Céline et l'actualité littéraire (1957—1961)*   [Gallimard, 1976]

CC3   *Semmelweis et autres récits médicaux*   [Gallimard, 1977]

BD	*Les Beaux draps* (1941)	[B.A. : 8° N.F. 81886] *
BM	*Bagatelles pour un massacre.* Nouvelle édition avec vingt photographies inédites.	[Denoël, 1943]
CA	*D'un château l'autre*	[in II]
CP	*Casse-pipe*	[Rééd. Gallimard, 1970]
É	*L'Église*	[Rééd. Gallimard, 1952]
ÉC	*L'École des cadavres.* Nouvelle édition avec une préface inédite et quatorze photographies hors texte.	[Denoël, 1942]
EY	*Entretiens avec le Professeur Y*	[Rééd. Gallimard, 1976]
F1	*Féerie pour une autre fois. I*	[Gallimard, 1952]
F2	*—. II. Normance*	[Gallimard, 1954]
GB1	*Guignol's Band. I*	[Rééd. Gallimard, 1952]
GB2	*Guignol's Band. II (Le Pont de Londres)*	[Gallimard, 1964]
MC	*Mort à crédit*	[in I]
Mea	*Mea culpa.*	[in Œ, III]
N	*Nord*	[in II]
R	*Rigodon*	[in II]
S	*Semmelweis*	[in CC3]
V	*Voyage au bout de la nuit*	[in I]
Album	*Album Céline*	[Gallimard, 1977]

* Éditions utilisées ou cotes des Bibliothèques Nationale (B.N.) et de l'Arsenal (B.A.) pour les volumes épuisés.

À l'intérieur d'un même paragraphe, les séries continues de références à un même texte sont allégées du sigle commun initial et réduites à la seule pagination ; par ailleurs les références consécutives à une même page ne sont pas répétées à l'intérieur de ce paragraphe.

Toute citation formellement textuelle se présente soit hors texte, en petit caractère romain, soit dans le corps du texte en *italique* entre guillemets, les soulignés du texte d'origine étant rendus par l'alternance romain/italique ; mais seuls les mots en PETITES CAPITALES y sont soulignés par l'auteur de l'étude (le signe * devant un fragment attestant les petites capitales ou l'italique de l'édition de référence).

« *Chaque création porte en elle-même,
avec elle, avec sa naissance, sa propre fin,
son assassinat ! »*

(R,712)

AVANT-PROPOS

O N ne peut nier le bouleversement que Céline imprima à la littérature contemporaine. L'impact de *Voyage au bout de la nuit* fut énorme. Son « rendu émotif » eut des répercussions sur le langage aussi profondes que la métaphore de Marcel Proust ou l'écriture automatique des Surréalistes. Cependant, l'œuvre de Céline contient quelque chose de trouble, d'ambigu. Elle assène des vérités dont l'expression directe, agressive, fit scandale. En même temps, elle est asphyxiante, elle exprime un échec, un néant irrémédiable.

Peu d'écrivains ont poussé la provocation aussi loin que Céline, avec autant de mépris des formes. Dès la publication de sa thèse en médecine, Céline postule qu'« *il faut choisir, mourir ou mentir* » (*V*,200). Il n'ignore pas, comme en témoigne le choix de la tragédie semmelweisienne, le sort que la société réserve à ceux qui enfreignent ses tabous, troublent ses routines et sa bonne conscience. Par ce choix, le futur Céline accepte à l'avance, et déjà programme son rôle d'exclu, s'efforçant de le conjurer dans ses romans, mais l'organisant simultanément dans sa propre vie. Tout en arrachant les masques, il prépare le sien.

Un ton s'impose d'emblée, dès le *Voyage*, celui de l'expression directe, véhémente. Tout se passe comme si son discours, échappant à l'auteur, obéissait à un impératif organique et formulait la vérité nue, directe, intolérable :

> Je ne l'ai pas fait exprès ; je m'efforçais seulement d'exprimer les êtres et les faits aussi naturellement que possible. Le sentiment pur... C'est-à-dire presque toujours le sentiment abominable, le sentiment défendu... Les choses qu'on éprouvait et qu'on ne pouvait pas avouer... Il y avait des interdictions, une enceinte réservée. Cette enceinte, je l'ai franchie sans le savoir, en courant après le ton vrai, le mouvement vrai, sous leur forme la plus expressive. Du coup, j'ai fait scandale. Mes écrits n'ont pas cessé de faire scandale, surtout par la façon dont ils sont écrits. Il est permis de décrire les pires abominations, mais non pas d'une manière qui les présente dans leur vérité. [1]

Le mouvement initial de la symphonie célinienne est la table rase. Surgissant à une époque de marasme, où l'Europe vit sur des mythes historiques vidés de leur substance, le *Voyage* en accuse la vanité, sans complaisance ni pitié. Pourfendeur des idoles mortes, Céline fait tomber les masques rassurants sous lesquels s'endormaient ses contemporains : Héroïsme, Humanisme, Religion du Progrès. Cette attaque des démagogies et vanités humaines implique une lutte jumelée sur le plan des idées et du langage.

Mais, dès *Mort à crédit*, ce destructeur exacerbé des idoles se forge simultanément toute une mythologie personnelle, dont il se fait le prophète cabotin. Il se fige graduellement et délibérément dans un défaitisme hilare, désespéré, de la foutaise générale, et finit par construire un conformisme célinien.

Céline imprimera à sa vision existentielle un pessimisme quasi gnostique, faisant émerger une mythologie débilitante de la Chute du monde et de sa corruption irrémédiable. Conformément à cet archétype, il errera en zigzags extrêmes, de l'idéalisme impraticable à l'encanaillement rageur, sans trouver l'équilibre vital.

En même temps qu'il descend dans l'arène, par le truchement de Bardamu, en témoin exemplaire de la mascarade humaine, Céline initie sa propre descente aux enfers : il joue la comédie de l'abjection, affiche un rôle truqué, provocateur. Céline mènera, à l'ombre de ses projections romancées, non seulement un cabotinage autodestructeur, mais une politique de profanation quasi mystique. Il s'identifiera à Bardamu et à Ferdinand au point de vivre leur sort et d'imposer à sa propre existence les affres de la persécution réelle.

Un tel hiatus entre lucidité et affabulation ne manque pas d'étonner. Et de fait, il y a un mystère Céline auquel se heurte tout analyste s'efforçant de saisir l'œuvre globalement, sans la trahir, ni en éluder les aspects gênants et contradictoires.

Pour justifier les paradoxes de cette œuvre, les amis de Céline proposent la thèse d'un Ferdinand animé d'un idéalisme exceptionnel, que la méchanceté et la médiocrité feront virer au délire vaticinant. Telles sont les thèses de Marcel Aymé, Albert Paraz, Robert Poulet, Pol Vandrome, etc. Les détracteurs de Louis-Ferdinand (Sartre, Rabi, Vailland, etc. [2]) tracent de lui le portrait monolithique d'un arriviste payé par les nazis, d'un ennemi de l'homme, d'un traître qu'il aurait fallu abattre dans son escalier.

Or, l'évolution pathologique, la contradiction des thèmes et des points de vue de cette œuvre, les virevoltes de l'écrivain, tout nous incite à croire que Céline n'est pas un écrivain monolithique mais dissocié. Il exprime un déchirement porté à son paroxysme. Le drame qu'il vit et représente dans ses romans n'offre aucune issue.

L'idée qui s'est imposée à nous est celle d'une contradiction exaspérée, d'une dissociation tragique qu'il faut chercher en filigrane, aux racines mêmes du *Voyage*, dans *La Vie de Semmelweis*. Depuis la thèse en médecine, posant en 1924 les fondements du conflit, jusqu'à la trilogie finale, une trentaine d'années plus tard, Céline s'efforcera de jouer sempiternellement toutes les variantes d'un seul et même drame.

I

SEMMELWEIS LE « PARFAIT »

> « *La vie c'est des répétitions jusqu'à la* *mort... Elle nous ramène les gens les* *mêmes, leurs " doubles " s'ils sont plus, les* *mêmes gestes, les mêmes turelures... on* *loupe son entrée, sa sortie et votre poisse* *commence ! fours ! Sifflets !... Vous avez* *qu'une pièce à jouer... Une seule.* »
>
> (*F1*,48)

1) CÉLINE ET SON MODÈLE

E N 1924, L.-F. Destouches écrit pour son doctorat en médecine : *La Vie et l'œuvre de Semmelweis* [3]. Son choix ne se limite pas, comme la plupart des thèses en ces matières, à une étude technique, mais représente le drame exemplaire d'une vie et d'une carrière exceptionnellement tragiques : « *Dans l'histoire de l'obstétrique, il y a une page sombre. Elle s'intitule Semmelweis.* » (*S*, préface de 1924). D'autre part, cette étude biographique dépasse même la simple éthique médicale. À travers l'histoire de ce chirurgien novateur, qui s'efforce vainement de sauver ses malades, d'imposer sa découverte géniale : l'asepsie, mais se heurte à la bêtise, au conformisme, et, réduit au silence, meurt dans un asile, Céline promène déjà sur les hommes le regard aigu du moraliste désenchanté.

9

Plus encore, l'élection de ce martyr de la gynécologie, et surtout l'identification de L.-F. Destouches à Semmelweis, font des premiers écrits de 1924 un livre clé. Anticipation frappante des avatars du futur écrivain, *La Vie de Semmelweis* est transparente de soucis personnels, voire d'autobiographie célinienne, et pose les premiers jalons de son drame.

L.-F. Destouches semble brosser un véritable autoportrait : Enfance près du peuple, dans un monde de petits boutiquiers des faubourgs — Formation concrète et vivante, à l'école de la rue — Études « à la sauvette », pragmatiques et non conformistes. Rapidement, le futur Céline élargit les expériences morales, les aspirations de son héros à l'image de sa propre vie : « *Vraiment, c'est chaque fois la même infirmité, le même entêtement stupide dans la routine aveugle et sourde autour de l'enfance d'un être exceptionnel... Personne ne se doute,... personne ne les aide.* » (S,24)[4]. Dans le « Carnet du cuirassier Destouches », journal intime écrit en 1914, plusieurs remarques laissent entrevoir, chez l'écrivain en herbe, la prémonition de son destin unique :

[...] au fond de moi-même, je cache un fond d'orgueil qui me fait peur à moi-même [...]. Mais ce que je veux avant tout c'est vivre une vie remplie d'incidents que j'espère la providence voudra placer sur ma route [...] si je traverse de grandes crises que la vie me réserve peut-être je serai moins malheureux qu'un autre car je veux connaître et savoir. En un mot je suis orgueilleux. Est-ce un défaut je le crois et il me créera des déboires ou peut-être la réussite.   (HER,11-2)

Chez un homme animé de telles exigences, le destin particulièrement tragique et fécond de Semmelweis, le contenant de sa révolte devaient trouver un répondant des plus vifs. Aussi la thèse en médecine est-elle d'emblée une « participation mystique », une communion avec un personnage qui hante L.-F. Destouches.

10

Mal destinés, l'un à faire carrière dans le droit, l'autre dans le commerce, les deux hommes voient leur véritable vocation, la médecine, s'imposer avec une force analogue : Semmelweis à la vue d'une dissection, L.-F. Destouches dès son premier voyage africain (p. 186 [5]) et ses tournées d'hygiéniste en Bretagne. L'hôpital leur sert d'école et les confronte avec la mort. Relatant ce face à face, l'écrivain découvre d'emblée les grands thèmes noirs de sa démystification future : la pourriture et l'asticot. .

Cette étude biographique de 1924, d'autre part, révèle très nettement une sensibilité, une compassion qui semblent se rapporter aux sources de l'œuvre célinienne et que l'auteur lui-même n'a cessé de s'attribuer, depuis les premières interviews de 1932 [6], jusqu'à la Préface pour la réédition du *Voyage*, vingt ans plus tard. Montrant les premières impressions du chirurgien hongrois, dans les pavillons de la mort, à l'hôpital de Vienne, L.-F. Destouches revit de l'intérieur, sa tristesse et sa révolte. Le terme *pitié* revient d'ailleurs en leitmotiv :

L'âme d'un homme y va fleurir d'une pitié si grande, [...] que le sort de l'humanité en sera, par elle, adouci pour toujours. (*S*,23)

Ainsi par lui, nous sommes montés dans l'harmonie consolante que nous cherchions, dans cette forme si rare de la force : celle qui est pitoyable aux hommes. (23)

Celui qui, à la même époque, préconisait avec pragmatisme, voire avec cynisme, l'emploi des ouvriers infirmes dans les usines Ford, fait, simultanément, l'apologie de son contraire : la gratuité, l'idéal, et, dans une envolée platonicienne, chante un hymne à la pureté, au sacrifice médical.

Nous ne saurions trop mettre l'accent sur ce paradoxe, à la racine même de l'œuvre célinienne : Semmelweis le

Parfait, double de Robinson l'abject. La plupart du temps on ne retient que sa colère négatrice, son aspect goguenard, sarcastique, omettant l'autre face de la négation. Au fil de *La Vie de Semmelweis*, la sensibilité coule, apparente, et suscite même certains morceaux de pur lyrisme. Dans son Double sublimé, Céline loge son culte de la vie, depuis les plantes jusqu'à la « *magique substance* » de la musique (*S*,26) et la contemplation des spectacles de la rue. Or, tous ceux qui connurent personnellement l'écrivain, Marcel Aymé le premier, mirent l'accent sur l'immense intérêt qu'il portait aux enfants, aux animaux, à l'imaginaire.

Au-delà d'une similitude de situation évidente, nous retiendrons surtout de la thèse du jeune Destouches, comme une volonté délibérée d'orientation existentielle, pour le moins troublante. Céline n'a pas encore développé, dans sa propre langue, ce qui n'est qu'en germe dans *Semmelweis*. Pourtant, cet écrit plante la prédestination dans l'avenir de l'auteur, et tout se passera comme si la courbe de sa vie devait suivre, étape par étape, celle que la fatalité avait prophétisé implacablement en ses oracles.

À l'instar de Semmelweis, Céline attaquera les démagogies suicidaires, le mensonge pactisant avec la mort. Mais il cédera à la tentation de « *s'infecter mortellement* » (*S*,90). Semmelweis voit la mort avancer, l'infection se propager à cause de l'ignorance infatuée de ses collègues. Il s'en indigne et se révolte. Bardamu, le délégué de Céline dans le roman, accusera la corruption des esprits. Il mènera une quête semée d'obstacles pour élucider le bien et le mal, afin de trouver « *le truc qui leur fait si peur à tous, à tous ces salauds-là autant qu'ils sont et qui doit être au bout de la nuit. C'est pour ça qu'ils n'y vont pas eux au bout de la nuit !* » (*V*,219). Sa prise de conscience se solde par une rébellion définitive.

L'attitude exacerbée de Semmelweis, confronté aux corps constitués de son hôpital, son agressivité malhabile, préfigurent exactement les réactions de l'auteur de *Mea culpa* et de la trilogie : « *Son enthousiasme n'est pas nuancé. Par son insuffisance de formes il se fait accuser d'intolérance, d'irrespect* [...]. *Certains trouvent son orgueil insupportable.* » (*S*,44).

Mais si l'on considère la thèse de 1924 comme la face diurne d'une œuvre sans laquelle la nuit du *Voyage* n'existerait pas, si l'on décèle dans cet exercice académique une intensité d'aspirations peu communes, une sublimation intense, on ne peut manquer d'être frappé par sa conclusion : la thèse de 1924 reste d'abord l'histoire d'une persécution, d'un échec. Elle se conclut par une démission. Semmelweis, par ironie du sort, périra d'une infection. Céline, le démystificateur, aboutira à la mythomanie : traqué par ceux qu'il comptait sauver de la mort, détesté aussi bien par les étudiants que par les malades, sages-femmes, professeurs, Semmelweis perd santé et raison. Il meurt de cette même infection contre laquelle il avait lutté toute sa vie. Le symbole est clair et la morale de l'histoire des plus grinçantes...

Or Céline, s'il connaît un sort moins tragique que celui du révélateur de l'asepsie, vivra un jour la même « *condition d'intouchable, de paria pourri* » (comme il le dit dans une lettre du 19 mars 1947 à Milton Hindus) [7]. Il sombrera dans un délire de persécution voisin. Le rapprochement pourrait être établi entre certaines séquences de *Féerie* ou même de la trilogie [8] et celle où L.-F. Destouches représente Semmelweis, plongé « *dans une sorte de verbiage incessant, dans une réminiscence interminable au cours de laquelle sa tête brisée parut se vider en longues phrases mortes* » (*S*,92). L'épisode final de Semmelweis assailli par la meute de ses ennemis fictifs, reproduit, trente-cinq ans auparavant, les délires oniriques où l'écrivain se voit cerné, poursuivi, attaqué par ses détracteurs.

Enfin, le jugement concluant la thèse du futur Céline, ultime commentaire de l'écrivain en puissance sur une œuvre qui, partout, le suivra comme une ombre, mérite d'être retenu : « *Quant à* Semmelweis, *il semble que sa découverte dépassa les forces de son génie. Ce fut, peut-être, la cause profonde de tous ses malheurs.* » (*S,*78). Le découvreur de l'asepsie contribua par la brutalité de ses interventions, par son attitude de retrait total, alternant avec des coups de boutoir fracassants, à l'échec de sa doctrine. Il trace, par là même, la voie de Céline, hilare, ricanant ou désabusé devant l'ignoble, révolté ou cynique, mais toujours dépassé par sa puissance incoercible.

2) Un destin anticipé :

Programmation de la biographie célinienne

Toutes ces coïncidences restent fort troublantes et l'on peut se demander ce que prouve, chez L.-F. Destouches, l'élection de ce double. En outre, loin de respecter l'être réel de son modèle, L.-F. Destouches l'a chargé de projections sub-jectivistes, de « participations mystiques », dans le sens que leur attribuait Lévy-Bruhl. Cette thèse, entreprise et pour-suivie comme un travail relativement objectif de restitution admirative, se termine en un épisode théâtral et fracassant.

Dans sa biographie *Semmelweis cet inconnu,* F.-G. Slaugh-ter décrit en ces termes les derniers jours du chirurgien :

Sa femme et ses amis s'inquiétaient pour sa raison et commen-çaient à le surveiller de près, craignant que dans un moment d'excitation il mît ses jours en danger. Sa conduite devint de plus en plus étrange. Son humeur s'assombrit encore. À un dîner chez un de ses amis, il se leva subitement de table et se mit à haranguer l'assistance sur un ton passionné, avec un déluge de paroles incompréhensibles.   (p. 289 9)

Suivent quelques anecdotes rapportées par Slaughter prouvant que Semmelweis est atteint de troubles mentaux (il ne précise pas comme le fera Céline, s'il s'agit de la folie de la persécution ou non) et, leur succédant, les circonstances de son internement en asile psychiatrique : « *Enfin, le médecin de l'asile découvrit une plaie infectée de la main droite, très vraisemblablement consécutive à une intervention obstétricale. La blessure se gangréna... La mort s'en suivit le 13 août 1865.* » (p. 291 9). L.-F. Destouches, lui, dramatise nettement sa propre version :

Vers deux heures, on le vit dévaler à travers les rues, poursuivi par la meute de ses ennemis fictifs. C'est en hurlant, débraillé, qu'il parvint de la sorte jusqu'aux amphithéâtres de la Faculté. Un cadavre était là, sur le marbre [...]. Semmelweis, s'emparant d'un scalpel [...], incise la peau du cadavre et taille dans les tissus putrides avant qu'on ait pu l'empêcher, au hasard de ses impulsions [...]. Il accompagne ses manœuvres d'exclamations et de phrases sans suite... Les étudiants l'ont reconnu, mais son attitude est si menaçante que personne n'ose l'interrompre... Il ne sait plus... Il reprend son scalpel et fouille avec ses doigts en même temps qu'avec une lame une cavité cadavérique suintante d'humeurs. Par un geste plus saccadé que les autres, il se coupe profondément. Sa blessure saigne. Il crie. Il menace. On l'entoure. On le désarme. Mais il est trop tard... Comme Kolletchka naguère, il vient de s'infecter mortellement.   (S,74-5)

L'épisode est shakespearien : Hamlet, brandissant le fer empoisonné se tue à la face de son public ! Sans aucun doute, le docteur Destouches a le sens de la représentation théâtrale... La dernière phrase « *il vient de s'infecter mortellement* », par son ambiguïté, permet de truquer habilement le dénouement de l'épisode et suggère que la mort de

Semmelweis est un suicide, alors qu'il ne s'agit que d'un simple accident. Deux autres versions, celle de Jacob Bruck et de William Sinclair [10] coïncident sur ce point et relatent la folie exaspérée du chercheur hongrois, les circonstances de sa mort à l'asile, en l'occurrence une septicémie, mais elles sont muettes sur cette paranoïa suicidaire suivie du geste mortel délibéré.

En réponse à la thèse, le Professeur Tibérius de Györy [11] rétablit les détails de l'authentique biographie semmelweisienne : mentionnant « *l'énorme exagération des séries mortuaires, de 96/100 chez Klin contre 31/1 000, horribles chiffres dont il faut se contenter* », il souligne que les compatriotes de Semmelweis ne se sont jamais tournés *a priori* contre lui ; il nie l'existence des « *Manifestes que Semmelweis aurait affichés sur les murs de la ville* ». Enfin, toute la scène autour du cadavre, selon T. de Györy, est de pure imagination.

Ainsi, L.-F. Destouches a-t-il mythifié la biographie objective en introduisant quelques éléments nouveaux et d'importance : la volonté de persécution, l'auto-inoculation, le suicide. Il a bâti un épilogue truqué, une version mythifiante. Dès lors, on peut dire que la thèse est un mythe, un projet personnel célinien, exprimant une situation psychique que l'auteur finira par vivre.

Comme l'a montré Charles Mauron, les thèmes d'un écrivain sont une fois pour toutes structurés et infiniment répétés. Chaque créateur verbal tend à reproduire un certain nombre de situations fondamentales.

L'élection de Semmelweis, la victime, et surtout la dramatisation théâtrale des persécutions réelles dont parlent les autres biographes, montrent que déjà se fait jour chez Céline l'obsession fondamentale de la persécution du Juste, et celle du Bouc Émissaire : Semmelweis est le seul qui, dans son hôpital, soit désintéressé, comme plus tard, Bardamu sera le seul passager payant de l'*Amiral Bragueton*, par conséquent, le rôle de victime lui sera assigné. Dès la Préface à sa thèse, Céline met en place le postulat de malheur sur lequel il fondera toute son œuvre. Il démontre « *le danger de vouloir trop de bien aux hommes. C'est une vieille leçon toujours jeune* » (*S*, Préface 1937). Plus encore, Semmelweis est érigé en figure quasi christique. C'est en des termes religieux, jansénistes, que se trouve évoqué ce destin inévitable : « *Philippe est prédestiné* » (24). Il est « *écrit qu'il [sera] malheureux chez les hommes* » (28). Le héros connaît une « *crise de vocation* » (31) qui le mènera « *sur le chemin de la lumière* » (35). Il est déterminé à suivre une voie fixée, qui part de l'enthousiasme pour aboutir au sacrifice et à la mort : « *Ils le virent avec beaucoup de tristesse gravir les marches de son calvaire, et ne le comprirent pas toujours.* » (30).

Un autre thème obsessionnel surgit également à la fin de la thèse de L.-F. Destouches, celui de l'auto-inoculation : dans un geste de dérision et de renoncement, Semmelweis, devenu fou, s'inocule lui-même le mal contre lequel il s'est battu toute sa vie. Dérision du sort, disent les biographes. Dérision du geste, suggère Céline qui, allant plus loin, esquisse l'idée d'un suicide. Cette démission, donnant raison à tous les médiocres, ce renversement vindicatif, sont le symbole exact de la subversion opérée par Céline à une certaine époque de sa vie.

Tout se passe comme si L.-F. Destouches, dans sa déconvenue devant le néant, la « foutaise », qui sont les points d'aboutissement du *Voyage*, s'était graduellement détruit à la face du public. Tout se passe comme si ce contempteur des fausses croyances s'était, à un certain moment, auto-infecté, en se précipitant dans tous les délires mythifiants.

Antisémite, puis prophète bouffon et vaticinant, le Céline des dernières années incarnera, non plus ce lutteur énergique des années du *Voyage*, mais un désespéré, un affabulateur goguenard et brisé.

Ayant postulé, dès le début, en se fondant sur un cas exceptionnellement tragique, que le serviteur de la vérité ne rencontre que bêtise et incompréhension, Destouches, par le truchement d'un Semmelweis mythique, s'autorise à l'avance toutes les infections suicidaires.

Les premiers textes de Céline demeurent donc très significatifs et l'on peut s'interroger d'emblée sur leur pouvoir prédéterminant. La « Passion selon Semmelweis » exerce visiblement sur le futur Céline un pouvoir de fascination, et sans doute est-ce déjà un modèle, déposé par L.-F. Destouches en avant-poste de sa propre existence. Dans quelle mesure, en effet, l'écrivain ne jouera-t-il pas sur l'estrade littéraire l' « Imitation de Semmelweis » ?

« *L'imaginaire est ce qui tend à devenir réel* »[12], écrit André Breton. Peu d'œuvres ont mieux démontré cette réflexion que celle de Céline, qui mêlera progressivement fiction et réalité dans un même cauchemar d'apocalypse. Bardamu, Ferdinand, et Céline lui-même, pour finir, se poseront en prédestinés, en Soters dérisoires, en personnages cosmocentriques réagissant comme si l'Univers s'était conjuré contre eux pour leur faire expier leur messianité. Chacun reproduira, à sa façon, la « Passion selon Semmelweis », mais cette fois dans la honte, l'avilissement, l'antisublime. En acteur consommé, s'appuyant sur la légitimité acquise par le chef-d'œuvre du *Voyage*, Céline se posera en cabotin grandiose de son modèle, cherchant et finissant par vivre la persécution semmelweisienne.

K.G. Jung, dans *Dialectique du Moi et de l'inconscient*, analyse l'écueil de ce phénomène d'imitation :

L'homme possède une faculté, la *faculté d'imitation*, qui est de la plus grande utilité du point de vue collectif et qui est on ne peut plus nuisible du point de vue de l'individuation. [...] Ce mécanisme de l'imitation peut être utilisé — plus précisément il peut être abusé car c'est alors une manière d'abus — en vue de la différenciation personnelle : on imite simplement une personnalité éminente ou une qualité, ou une activité rare, ce qui entraîne extérieurement une distinction de l'entourage immédiat. Mais il s'ensuit, on serait tenté de dire, comme une punition, une aggravation de la ressemblance existante avec l'entourage qui, toutefois, s'est déplacée sur le plan inconscient où elle se manifeste en une manière de lien contraignant.

En général, une tentative de différenciation individuelle, entreprise par le moyen de l'imitation, s'en trouve faussée, falsifiée, elle échoue le plus souvent. [13]

Le cas de L.-F. Destouches et de Semmelweis illustre exactement la thèse jungienne : le modèle est devenu un complaisant « modèle miroir » renvoyant à l'admirateur, dont la vie ne saurait reproduire exactement, et pour cause, ce qui fonde la grandeur de l'admiré. De ce qui fut pour le modèle, le résultat final, le plus souvent advenu et non recherché, d'une aventure existentielle, l'admirateur fait le point de départ. Victime du formalisme et de l'ignorance de ses collègues établis, le médecin de Budapest ne chercha pas à provoquer son rejet. Mais en est-il de même chez son admirateur L.-F. Destouches ? Il semble bien que l'écrivain ait, au contraire, fabriqué de toute pièce son exclusion, afin de se conformer artificiellement à son héros mythique. Nous en suivrons les étapes successives, du crescendo d'exhibitionnisme pornographique de *Mort à crédit*, jusqu'à *Bagatelles* et *Les Beaux draps*, où Céline, s'acharnant à trouver ce qui peut le rendre odieux auprès de son public, parfait longuement son masque. Il se complaira ensuite, ricanant et déchiré, dans ce rôle qu'il a mis des années à bâtir, tout en le rejetant avec fureur et ressentiment. L'exclusion vécue spontanément par Semmelweis sera, en quelque sorte, fabriquée synthétiquement par son admirateur L.-F. Destouches, et ce qui fut naturel chez le modèle, deviendra factice, voire morbide, chez l'imitateur qui prend le relais.

Dès 1924, L.-F. Destouches pose dans son *Semmelweis*, les fondements d'une infatuation auto-messianique qu'il développera tout au cours de son œuvre.

3) PERSPECTIVES D'UNE ŒUVRE

Révélatrice des équivoques de Céline, cette biographie médicale amalgame étroitement la recherche de la vérité et la mythomanie. Elle exalte l'idéal d'une révolte salutaire et pose en même temps le point de départ des affabulations personnelles de l'auteur. Ainsi, la thèse est-elle au *Voyage*, aux pamphlets et à *Rigodon* ce que *Jean Santeuil*, par exemple, est à la *Recherche du temps perdu*. Elle représente un destin déjà tracé, une œuvre en perspective.

Le schème d'Éros contre Thanatos, des forces vitales entraînées dans la Danse de mort, apparaît dès l'ouverture de *Semmelweis*, introduit à la manière d'un poème épique :

[...] Semmelweis fut pris, entraîné, meurtri, dans la danse macabre qui ne devait jamais s'interrompre autour des deux terribles pavillons. (*S*,38)

Cette fatalité lugubre [...] écrase les hommes, les femmes et les choses qui s'agitent dans ce périmètre. [Semmelweis] seul se refuse au Destin et n'en est pas écrasé, mais il en souffre plus que tous les autres [...]. Eux tous [...] [h]ypocritement, dans l'ombre [...], ils ont pactisé avec la Mort. (*S*,39-40)

Caractéristique est la vision dichotomique du monde qui émerge à la faveur de ce travail académique : Semmelweis, le héros solaire, exalté par l'auteur, a pour antithèse la masse des médiocres. Il représente l'exception, un bout de lumière dans la nuit : « *L'Homicide est une fonction quotidienne des peuples* [...]. *La foule voulait détruire et cela suffisait.* » (*S*,20). L'humanité de la thèse, dépouillée de son masque idéalisé, porte déjà la marque célinienne : elle entre dans le schéma que nous retrouverons dans les romans successifs : un absolu élevé, situé « *de l'autre côté de la vie* » (*V*, épigraphe) et le monde quotidien dégradé au point d'en devenir un anti-absolu. Dès 1924, on note chez l'écrivain un élan quasi mystique d'ascension vers une pureté transcendantale qui alterne avec une dévalorisation amère du réel, préfigurant les explosions de rage, la vindicte hargneuse et scatologique des romans successifs. *La Vie de Semmelweis*, en ce sens, nous éclaire déjà sur les circonstances dans lesquelles se sont cristallisés chez Céline ce pessimisme forcené, cette mythologie de la dépréciation existentielle. On trouve déjà les irréconciliables de son drame : un héros surhumain et son envers sous-humain. Prônant à plusieurs reprises la fuite d'un monde qu'il juge avili, inhabitable, Céline trouve les accents quasi gnostiques dont il fera l'épigraphe de son *Voyage au bout de la nuit* : « *La Musique, la Beauté sont en nous et nulle part ailleurs dans le monde insensible qui nous entoure.* » (*S*,51).

La thèse de 1924 évoque aussi le problème essentiel du langage, que ne mentionnent pas les autres biographies, et cette préoccupation personnelle, surajoutée par Céline, concerne bien plus le styliste en puissance que l'historien objectif de Semmelweis. L'écrivain établit un rapport étroit entre la mort et l'usage d'un certain langage rassurant qui dissimule l'infection sous des guirlandes verbales : à l'hôpital de Budapest, la fièvre puerpérale est le thème à de brillants morceaux d'éloquence ; les mots servent de masque :

21

C'est dans leur milieu que Semmelweis eut le premier dégoût de cette symphonie verbale dont on entourait l'infection et toutes ses nuances. Elles étaient presque innombrables. [...] Au fond, fatalisme à grands mots, sonorités d'impuissance. (S,35)

Au-delà de ces quelques broderies colorées, sur la route de l'infection, il n'y avait plus que la mort et les mots. (30)

Cet exemple servira de métaphore à Céline qui, dans *Voyage au bout de la nuit*, montrera constamment les liens du verbiage et de la mort. Tant sur le plan de la quête introspective que de la dissection sociale, l'auteur refusera, très consciemment, toute édulcoration verbale. Nettoyer « *les marécages de sottise purulente* » (S,56) a pour corollaire, dès *La Vie de Semmelweis*, la mise en doute des « *sonorités d'impuissance* » (35) d'un certain type de langage.

L'étude biographique de L.-F. Destouches est donc loin d'atteindre à l'objectivité de l'historien, mais elle n'a pas non plus la valeur anodine que lui a attribuée ultérieurement son auteur : « *Alors* [...] *quand il a fallu que je fasse une thèse et que je la fasse en vitesse, alors je suis tombé sur un souvenir et j'ai dit ben, j'vais faire en vitesse une thèse sur l'histoire de la médecine et Semmelweis... J'ai fait cette petite thèse sans prétention...* » [14]. En fait, plus qu'une biographie *a posteriori* de Semmelweis, c'est une autobiographie *a priori* du futur Céline. On peut voir en elle un culte au sens strict du terme, comme le Fabrice Del Dongo stendhalien vouait un culte à Napoléon. Et ce culte, l'œuvre tout entière le poursuivra alternativement sur les deux registres de l'idéalisme inaccessible et du pessimisme trivial, profanateur, du sublime et du parodique.

Il serait erroné de croire que le souci premier de Céline a été de s'effacer devant l'asepsie comme le fit Semmelweis. La vérité du premier fut objective, en dehors de son « moi ». Celle de Céline sera autiste, égocentrique : l'auteur détruira bon nombre de mythes en place, au moyen d'une contre-mythologie de la mort, de la « foutaise », et du nihilisme érigée en vérité exclusive et prophétique.

Par un double mouvement divergent, Céline sera l'homme d'une démystification qui se retournera, sur l'instant, en remystification. Sans doute son succès tiendra-t-il au choc affectif que cette méthode à mouvement contrarié produira sur son lecteur. Criant « Le Roi est nu ! », Céline réveille le dormeur ahuri, comme par un coup de poing assené en pleine face, mais dont la violence l'assomme, sitôt après, dans un carillonnage de songes noirs.

II

LA « NEF DES FOUS »

*« Ah ! camarade ! Ce monde n'est je vous
l'assure qu'une immense entreprise à se
foutre du monde ! »* (V,69)

1) LA RÉSURGENCE DU PICARESQUE

E N 1932, *Voyage au bout de la nuit* fut salué dans la
presse comme un roman singulier, forcené dans l'émo-
tivité, le sarcasme, l'injure, et dont la force neuve tenait
en la violence de sa démystification furibonde : « *Jamais
l'homme ne fut aussi brutalement mis en tête à tête avec
l'homme.* » [15]. Poussé par un vent de rage et de désespoir, le
Voyage balaye les valeurs mortes, les démagogies, les
croyances hypocrites des sociétés gangrenées. Céline n'a de
cesse qu'il n'ait dépouillé l'homme de tous ses oripaux pour
l'abandonner « *dans l'hiver et dans la nuit* » (*V*, épigraphe),
privé du moindre respect pour sa propre image.

Malgré son audace, la démystification célinienne est
pourtant des plus équivoques. Sa fureur totalitaire, son
pessimisme absolutiste, révèlent moins le souci de dénuder
la réalité au-delà des apparences sécurisantes que la pour-
suite d'un règlement de compte personnel. Ce faisant, Céline
réactive de façon originale la technique des romans pica-

resques qui servira de cadre à ses romans. Nous y trouvons une forme autobiographique actualisant des expériences vécues, un point de vue grinçant, ambigu, celui de l'anti-héros asocial. Le récit s'articule autour de la thématique du masque, du théâtre humain, des apparences et de la réalité, et fait émerger régulièrement le même envers nauséeux du décor.

Il existe certaines périodes propices à l'éclosion d'un esprit picaresque, depuis les dernières décennies du siècle d'or espagnol qui affichaient la décrépitude d'une civilisation prestigieuse, jusqu'à « l'entre-deux-guerres », époque où Céline fait entendre ses vaticinations sur un fond de crise sociale et politique.

Avec la fin de la prospérité économique, les signes avant-coureurs d'un conflit mondial, et la faillite des valeurs séculaires, les années Trente ouvrent une période de désarroi général : l'illusion qui avait suivi la victoire de 1918 est bien morte et la dépression mondiale consécutive au krach de 1929 rend visible, non seulement les failles de l'économie capitaliste, mais celles de tout le système libéral bourgeois et de ses croyances, particulièrement de l'humanisme anthropocentrique. La littérature reflète, elle aussi, le pessimisme croissant des esprits : Dada symbolise la forme exaspérée du nihilisme d'après-guerre et montre, tournant à vide, les rouages de la pensée, de l'art, et de la littérature traditionnelle. Le courant populiste, puis l'existentialisme naissant, sont le contexte de l'œuvre célinienne, alors que s'impose graduellement une philosophie de l'absurde et du désespoir. Fréquemment, Céline évoquera sa hantise des « *métaux en torture* [...] *menaces colossales et catastrophes en suspens* » (*CC1*,78). Il en fera la toile de fond des errances de Bardamu, Robinson, et Ferdinand. Ces personnages sont les produits et les victimes de cette civilisation en déroute. Ils remâchent, pleins d'amertume, la mort de l'espérance dans un monde en décomposition.

Céline apparaît au moment propice, d'où l'hostilité aussi bien que l'écho profond que rencontre le *Voyage* en 1932. Le roman ouvre le siècle où les idoles s'écroulent et constate la mort des grands mythes occidentaux : Héroïsme — Humanisme — Scientisme et Culte du Progrès. En même temps, dès 1933, alors que les procès de Moscou se multiplient, l'écrivain ne cache pas son hostilité à l'égard des régimes dit socialistes qui ont entrepris la récupération hypocrite d'une révolution ayant mal tourné. Avant de dénoncer, dans ses pamphlets, les faux prophètes de la révolution, la bureaucratie et l'impérialisme staliniens, Céline dépeint, dès le *Voyage*, un petit peuple féroce d'égoïsme et de brutalité. Il tient déjà pour illusoires les théories de la solidarité prolétarienne : l'opprimé ne vaut pas plus cher que l'oppresseur.

Cette prise de position à la fois anti-capitaliste et anti-marxiste caractérise un certain nombre d'intellectuels de l'époque : Brasillach, Drieu La Rochelle, Rebatet, etc. qui, de même que Céline, subirent la tentation fasciste. Il serait inexact d'assimiler Céline aux nazis, pourtant son œuvre, dès 1932, éclaire bien la mentalité qui permit à ces idées de prendre racine.

Issu d'une petite bourgeoisie besogneuse, plus miséreuse souvent que le peuple, mais bien distincte de celui-ci, L.-F. Destouches est le produit d'une classe-tampon. Il exalte les rancœurs du « prolétariat en faux col », aigri, vivement hostile au monde moderne et se réfugiant dans la nostalgie d'un passé imaginatif. Caricaturale ou réaliste, la situation d'Auguste dans *Mort à crédit*, modelée sur celle de Fernand Destouches, le père de Céline, n'en est pas moins symbolique : le fils du professeur de Rhétorique doit porter sur son dos les meubles qu'il livre aux clients, pénétrer par l'entrée de service, ramasser les crottes des chiens, encaisser les pourboires. Clémence porte au Mont de Piété les bijoux de famille, éteint par mesure d'économie l'une de ses vitrines, tire les cordons, etc.

Mais si cette classe au sort précaire connaît le destin du prolétariat, elle garde dans ce que Céline nommera « sa misère digne », sa misère verticale, la rigueur de ses préceptes moraux. Les recherches biographiques de François Gibault mettent en évidence « *la grande dissemblance de mentalité et d'éducation* » (p. 33 [5]) entre Fernand Destouches, orphelin d'un professeur agrégé, puis déchu au rang de bureaucrate mal payé, et Céline Guilloux, issue d'une famille plus modeste qui lui avait légué, à force de privations, un magasin périclitant de dentelles et d'antiquités. Il est donc probable que Louis-Ferdinand, élevé avec des moyens de prolétaires par un père à la fois respectable et frustré, a ressenti dans sa famille, comme il a observé à l'extérieur, toute la dérision du sort réservé à sa classe.

L'environnement historique, l'ambiance sociale, n'expliquent que partiellement la table rase que représentera le *Voyage*. Témoin exacerbé de son groupe, Céline exprime en même temps, une déconvenue, un scepticisme définitif à l'égard de toute réalisation humaine :

> Nous voici parvenus au bout de vingt siècles de haute civilisation et, cependant, aucun régime ne résisterait à deux mois de vérité. Je veux dire la société marxiste aussi bien que nos sociétés bourgeoises et fascistes.
> L'homme ne peut persister, en effet, dans aucune de ces formes sociales, entièrement brutales, toutes masochistes, sans la violence d'un mensonge permanent et de plus en plus massif, répété, frénétique, « totalitaire » comme on l'intitule.   (*CC1*,79)

Les chroniques des débâcles historiques et sociales que représentent le *Voyage* et *Mort à crédit* sont aussi un psychodrame personnel. L'étude sur Semmelweis nous l'a bien montré, l'auteur en veut à l'homme limité dans son être médiocre, à la vie prosaïque, à l'existence qui lui fut infligée : « *C'est naître qu'il n'aurait pas fallu.* » (*MC*,541). Cet écrivain des grands déluges s'insère dans un moment historique qui convient exactement à l'expression de son génie. Pour reprendre une image de Milton Hindus, il se trouve à l'épicentre du séisme amplifiant les ondes environnantes. Plus encore, Céline fera coïncider son propre séisme intérieur avec celui de l'Histoire en pleine conflagration. La sensibilité de ses personnages tisse d'étroites correspondances avec ce monde. Bardamu, au fil du *Voyage*, constate en lui le reflet dérisoire de la vacuité ambiante :

Toujours j'avais redouté d'être à peu près vide, de n'avoir en somme aucune sérieuse raison pour exister. À présent j'étais devant les faits bien assuré de mon néant individuel, [...] plus rien ne m'empêchait de sombrer dans une sorte d'irrésistible ennui, dans une manière de doucereuse, d'effroyable catastrophe d'âme. Une dégoûtation...   (*V*,203)

Salaud ! que je me disais alors. En vérité, tu n'as pas de vertu ! Il faut se résigner à se connaître chaque jour un peu mieux, du moment où le courage vous manque d'en finir avec vos propres pleurnicheries une fois pour toutes.   (204)

Ce mouvement pendulaire de néantisation du monde et de retour à son propre vide intérieur, ce cercle vicieux est déjà la caractéristique majeure du premier roman de Céline.

Le *Voyage* et *Mort à crédit* constituent à la fois une protestation violente contre la société et l'introspection d'un anti-héros qui se découvre peu à peu. Selon la technique des romans picaresques, la satire se mêle intimement à l'analyse introspective. Le narrateur expose sa vision critique et la combine avec ses délires, sa vindicte, ses arrière-pensées les plus inavouables. Il entraîne le lecteur dans son sillage et le transforme en témoin, en juge, en complice. Transcrivant la vie brute, au prix d'un travail acharné de styliste précieux, Céline, aux antipodes de la distanciation brechtienne, fait participer le lecteur à son monde calamiteux.

Plusieurs expériences authentiques sont à la source de sa révolte : les premiers contacts avec le travail — la guerre — l'hôpital et la médecine des pauvres. Sans appartenir au peuple, l'auteur en a partagé le sort. Il a « *fait la route* [...] *à pompes* », l'a « *retenue, butée, soumise pas à pas* » (*BM*,121), connaissant « *cette émotion directe, angoisse directe, poésie directe, infligée, les premières années, par la condition de pauvre sur la terre* » (123).

Fernand Destouches, petit employé piteux, ne parvient plus à « tenir son rang ». De faillite en faillite, sa mère, demoiselle de magasin pour un temps, ouvre une boutique périclitante au Passage Choiseul. Si, dans *Mort à crédit*, Céline passe sous silence son séjour à l'École Saint-Joseph des Tuileries, ses séjours d'hôte payant dans plusieurs Collèges de Langues à l'étranger, il dit vrai lorsqu'il évoque la « Communale » et les étrons canins, l'habitat en tuyau de poêle, les réverbères souillés du « Passage »[16]. Garçon de courses, apprenti et livreur dans la bonneterie, puis dans la bijouterie, Louis-Ferdinand traverse ce qu'il nommera « *les douze métiers* » et « *mille misères* » : « *La vraie haine, elle vient du fond, elle vient de la jeunesse, perdue au boulot sans défense. Alors celle là qu'on en crève. Y en aura encore si profond qu'il en restera tout de même partout. Il en jutera sur la terre assez pour qu'elle empoisonne, qu'il pousse plus dessus que des vacheries, entre des morts, entre les hommes.* » (*MC*,631). Cette première révolte inspire *Mort à crédit*, panorama désenchanté de l'apprentissage du travail, brossé par un enfant vindicatif, renvoyé d'un magasin à l'autre, par un adolescent humilié sur lequel pleuvent les récriminations générales. Vaste ricanement en monologue sur les déboires de la vie, le roman impose son esprit picaresque ambigu, à la fois plein de drôlerie, de gouaille et de ressentiment. Les scènes de famille, les espoirs médiocres, le macaroni, la fanfreluche en baisse, tout est emporté dans la même dérision bouffonne ou grinçante.

De même, dans le *Voyage*, la fiction célinienne est conçue de ce point de vue misanthropique, mélange habituel de cynisme, de fausse naïveté et d'humour noir. Le Je de la confession de Bardamu (ou de Ferdinand) se place au plus bas et se dévalue au maximum. L'auteur a choisi l'optique de la bassesse et de la veulerie. Mais, chez l'ancien admirateur de Semmelweis, ce Je picaresque est complexe et déchiré, de seconde nature en quelque sorte, et d'autant plus forcé qu'il est contrarié par un vertige héroïque.

L'expérience de la chute apparaît et réapparaît dans la plupart des récits. Le *Voyage* s'ouvre sur le « dépucelage » de Bardamu réalisant l'inanité de ses rêves héroïques :

> On est puceau de l'Horreur comme on l'est de la volupté. Comment aurais-je pu me douter moi de cette horreur en quittant la place Clichy ? Qui aurait pu prévoir avant d'entrer vraiment dans la guerre, tout ce que contenait la sale âme héroïque et fainéante des hommes ? À présent, j'étais pris dans cette fuite en masse, vers le meurtre en commun, vers le feu... Ça venait des profondeurs et c'était arrivé. (V,17)

Pour Céline qui la fit en héros authentique, engagé d'enthousiasme, la guerre dévoile sa réalité nauséeuse : chevaux purulents — cadavres décapités — viandes « *saigna[nt] énormément ensemble* » (V,21). Parti sur un air de musique militaire, le narrateur se trouve plongé « *dans la vérité jusqu'au trognon* » (54), synonyme de descente dans l'horrible, de chute irrémissible.

31

Depuis le « Carnet du cuirassier Destouches », où le « Bleu » voit son âme se dévêtir soudain de son illusion de stoïcisme et, « *pleurant comme une première communiante* » (HER,14) découvre l'envers du décor héroïque : un monceau de crottin et des brimades, jusqu'à *Mort à crédit*, le récit s'ouvre sur le même écroulement du rêve.

Le jeune Ferdinand trompe sa condition médiocre et passe « *de l'autre côté de la vie* » (*V*, épigraphe) en lisant à son compagnon de misère la *Légende du Roi Krogo* (*MC*, 632—8). Un chef de rayon hargneux vient briser leur univers magique et renvoie Ferdinand, accusé d'avoir débauché l'enfant en lui racontant « *des histoires ! des dégoûtantes mêmes !...* » (636). Cet écroulement de l'idéal entraîne un refoulement immédiat des valeurs « d'en haut » perçues comme génératrices de danger et de duperie :

[...] je me prenais pour un idéaliste, c'est ainsi qu'on appelle ses propres petits instincts habillés en grands mots.   (*V*,82)

Nora, la patronne, je la regardais furtivement, je l'entendais comme une chanson... Sa voix, c'était comme le reste, un sortilège de douceur... [...] c'était la musique, comme ça venait danser autour, au milieu des flammes. Je vivais enveloppé aussi moi, [...] dans l'ahurissement. [...] « Mais dis-donc ! que je me fais, Arthur ! T'as pas mangé du cerf-volant ? T'es pas malade ? [...] » Aussitôt c'était fatal, je me racornissais à l'instant... Je me ratatinais tout en boule. C'était fini ! c'était passé !   (*MC*,715)

Malgré leur attitude pragmatiste forcée, Bardamu et Ferdinand subissent pourtant, sans pouvoir s'en défendre, le vertige de la chimère et redoutent d'y succomber. Des tribulations de Semmelweis, ils ne veulent absolument pas. D'où ce mouvement de recul, d'épouvante, chaque fois qu'ils rencontrent une possibilité d'idéal. D'où leur désertion, leur plongeon désespéré dans « l'en bas ».

Les séquences où Bardamu et Robinson optent pour le cynisme et s'en font gloire, abondent dans le *Voyage*, telle la scène où Bardamu affronte le colonel, symbole social des plus hautes valeurs héroïques (*V*,23). D'emblée, le narrateur désamorce le danger, ne retenant qu'une fanfaronnade pompeuse, et, quand l'obus survient, il en tire une leçon brutale de dérision et de cynisme : « *Bas les cœurs ! que je pensais moi.* » À New York chez Lola, à bord de l'*Amiral Bragueton*, Bardamu réitère le même plongeon vindicatif dans l'antihéroïsme : « *Toute possibilité de lâcheté devient une magnifique espérance à qui s'y connaît. C'est mon avis. Il ne faut jamais se montrer difficile sur le moyen de se sauver de l'étripade, ni perdre son temps non plus à rechercher les raisons d'une persécution dont on est l'objet. Y échapper suffit au sage.* » (119).

Constamment, les délégués céliniens, écartelés entre les extrêmes, assumeront leur rôle forcé « *d'infâme et répugnant saligaud* » (*V*,114), « *honte du genre humain* », et ne reculent devant aucune transgression. L'épisode où ce schème se manifeste avec le plus d'évidence est celui de l'abbé Protiste, dans le *Voyage*. Face au substitut du Sacré, Bardamu esquive le péril en sélectionnant les détails mesquins : habilement — mauvaise haleine. Il en exorcise les prestiges « *grâce à un bon truc d'imagination* », le représenter « *tout nu devant son autel* » (332). Systématiquement, l'anti-héros célinien se livre à cet expédient. C'est une aubaine dont il est coutumier chaque fois qu'il subodore une trace quelconque d'idéalisme.

2) L'ENVERS NAUSÉEUX DU DÉCOR CÉLINIEN

Bardamu et Ferdinand adoptent une attitude dont ils se départissent rarement, même si quelques circonstances (Molly dans le *Voyage*, Madame Merrywell dans *Mort à*

crédit), les y contraignent. Derrière chaque aspiration senti-
mentale ou spirituelle, derrière chaque invocation aux
« Valeurs », ils chercheront la turpitude sous-jacente. Ainsi, le
maire de Noirceur-sur-la-Lys, prêt à livrer sa ville à l'ennemi,
évoque-t-il l'« Intérêt général » dans un moment d'égoïsme
particulier, les « Responsabilités » à l'instant de la fuite.
Montrant la dichotomie entre les paroles et les actes, l'auteur introduit un discours sublime dont chaque terme prend
l'exact contrepied des faits. La scène de l'abbé Protiste suit
la même démonstration : alors qu'il entreprend Bardamu
sur le Paradis et le Salut des âmes, le curé malin n'a qu'un
seul souci, celui d'étouffer le scandale provoqué par l'assassinat manqué de la vieille Henrouille. Désopilante, cette
entrevue oppose un discours des hauteurs à ses motivations
bassement matérialistes (*V*,333).

La géométrie romanesque de Céline dérive toujours du
même postulat : plus la réalité est bourbeuse, plus l'em-
phase s'élève. Tandis que le *"Génitron"* s'enlise dans d'inso-
lubles difficultés, le verbe de Courtial devient de plus en
plus grandiloquent. Le mari de l'avortée, dans le *Voyage*, riva-
lise de savoir sur les départements français avec Bardamu,
au moment où sa femme agonise. Lola, « *traîn[nant] dans*
son désespoir des relents de méthode Coué » (*V*,221), élude,
par des phrases, la réalité choquante : le cancer incurable de
sa mère. Auguste nie les étrons canins grâce à son verbe
ronflant. La fille Henrouille se grise de paroles pour oublier
qu'elle a trempé dans un assassinat : « *Elle était en train de*
faire des phrases. C'était des nouvelles espérances d'en sortir
de la mouscaille et de la nuit qui la rendaient lyrique la
vache à sa sale manière. » (338). L'antinomie des sublimes
bobards et de la nauséeuse réalité sera un procédé constant
du *Voyage au bout de la nuit*. Particulièrement saisissant
lors de l'épisode guerrier dénonçant le mirage héroïque pro-

34

pagé à l'échelle collective, la description réaliste, l'emploi d'un langage qui nomme et dénonce, montre comment « *C'est une femme, la plus belle des femmes, la France* » (86) se réduit au « *plus court chemin pour aller se faire casser la gueule* ». « *Hauts les cœurs* » signifie « [*faire*] *queue pour aller crever* » (32).

Dans le *Voyage*, le théâtre équilibre le cauchemar en même temps qu'il le dissimule. Tous participent à la figuration : « *Les êtres vont d'une comédie vers une autre. Entre-temps la pièce n'est pas montée, ils n'en discernent pas encore les contours, leur rôle propice, alors ils restent là, les bras ballants [...] branlochants d'incohérence, réduits à eux-mêmes, c'est-à-dire à rien. Vaches sans train.* » (*V*,259). La thématique du masque et du théâtre est essentielle chez Céline, qui, paradoxalement, s'est efforcé de soutenir son rôle dès la publication de son premier roman. Il revient toujours au double jeu, à la simulation générale : le lieutenant Grappa fait comme s'il rendait la justice, mais se comporte en tortionnaire. Ses administrateurs pillent au nom de la loi. Les militaires commettent des meurtres au nom de l'honneur. Toujours dans le *Voyage*, les deux représentants du Sacré trempent, l'un dans un trafic d'esclaves, l'autre dans un assassinat. Les familles se battent au tisonnier mais s'affichent, en apparence, comme si de rien n'était. Les Parisiens en temps de guerre font les patriotes et du marché noir.

Bardamu n'échappe pas à la règle. Plus encore, Céline fait partager, très insidieusement, son expérience de la comédie :

Comme le Théâtre était partout il fallait jouer et il avait bien raison Branledore [...]. [...] Il fallut une bonne semaine et même deux de répétitions intensives pour nous placer absolument dans le ton, le bon. (*V*,90-1)

[...] c'était à qui parmi nous, saisi d'émulation, inventerait à qui mieux mieux d'autres « belles pages guerrières » où figurer sublimement. Nous vivions un grand roman de geste, dans la peau de personnages fantastiques, au fond desquels, dérisoires, nous tremblions de tout le contenu de nos viandes et nos âmes. On en aurait bavé si on nous avait surpris au vrai. La guerre était mûre. (99)

À bord de l'*Amiral Bragueton*, Bardamu renouvelle son astuce et joue la comédie pour échapper au lynchage. Ce psychodrame prend figure de symbole et montre comment un innocent, le seul, l'unique, Bardamu, acculé au mensonge sous la menace d'un corps constitué, la société, doit pratiquer la règle du jeu sous peine de disparaître. Robinson, quant à lui, perd sa vie à partir du moment où il n'a plus le courage de simuler. La démonstration célinienne est implacable : ou bien le héros s'adapte au mensonge, trouve son rôle d'anti-héros, ou il refuse et périt.

Bardamu, lâche par dépit, par ruse, désespoir, provocation ou couardise, finit par se complaire dans sa veulerie composite et complexe. Céline, qui nous en dépeint les chatoiements contradictoires, tour à tour la dénonce ou l'approuve, selon le procédé constant de sa technique ambiguë qui détruit, par un mouvement inverse et simultané, les effets de sa critique, démystifie pour mystifier instantanément et mène le lecteur vers un « non-lieu » total.

Bien que le narrateur célinien dénonce systématiquement le bobard et le théâtre, et cela jusqu'à la manie, il tente, simultanément, de nous faire participer à la surenchère qu'il bâtit sur ces mensonges. Il cherche à exploiter la situation bien plus qu'il ne tente de changer le monde. Cette attitude, foncièrement picaresque, s'intègre dans un type de littérature de la dénonciation et non de la proposition. C'est une politique non seulement contradictoire, mais autodestructrice, visant à tirer l'homme de son malheur dans le seul but de le plonger dans un cauchemar lucide.

Ainsi, le relevé de quelques éléments de la technique des romans picaresques, dans le *Voyage* et *Mort à crédit*, montre-t-il à quel point les antinomies abondent chez l'écrivain, écartelé entre deux directions contradictoires qui finiront par s'annuler dans l'absurde. Il nous permet aussi de noter l'aspect répétitif, systématique, des procédés céliniens.

Chaque section du *Voyage* offre une structure sensiblement identique, postulant la même face d'ignominie et de misère aux quatre points cardinaux. Que ce soit dans ses tableaux de la guerre, de l'Afrique, des États-Unis, des banlieues parisiennes, Céline répète, d'épisode en épisode, l'antagonisme manichéen de l'envers et de l'endroit. Aux charniers des « *viandes destinées aux sacrifices* » (*V*,97) répondent le théâtre aux armées et la mascarade des lignes arrière. À l'hôpital de Fort-Gono répondent la parade du soir, dans la grande rue et « l'apéritif » colonial. La représentation, généralement bouffonne, masque le cloaque de l'arrière-plan. Même les âmes ont un envers et un endroit, un maquillage et une « *arrière-boutique* » grouillante de « *serpents glaireux* » (244). L'épisode africain rend particulièrement sensible ce contraste en trompe-l'œil : d'un côté, l'armée fictive d'Alcide, les habitations éphémères et tous les simulacres du monde colonial ; de l'autre : les fièvres, la boue, la dissolution cosmique.

Même si les décors changent, Céline dépeint toujours un lieu privilégié : le cloaque où rampent la larve, le crabe ; il transforme les foules urbaines en animaux vermiculaires, dégringolant les grands égouts du métro, en une bête larvaire gigantesque dans le « *gros mélange de coton sale* » (*V*,192) de la rue new-yorkaise. De l'étal pourrissant du front aux fosses purulentes d'Afrique, des cloches asphyxiantes aux

« *gadoues noires* » (238) l'auteur retrouve la même sanie, la même vermine. Dans chaque lieu nouveau, son narrateur, Bardamu, perçoit la puanteur obsessionnelle de la charogne :

Toutes ces viandes saignaient énormément ensemble.
[*épisode guerrier*] (V,21)

[...] on peut apercevoir dès blancs, ce qu'on découvre du gai rivage, une fois que la mer s'en retire : la vérité, mares lourdement puantes, les crabes, la charogne et l'étron. [*épisode africain*] (113)

Dans le grand abandon mou qui entoure la ville, là où le mensonge de son luxe vient suinter et finir en pourriture, la ville montre à qui veut le voir son grand derrière en boîtes à ordures.
[*épisode urbain*] (94-5)

Paysages urbains décomposés où les immeubles partent en détritus, où les rues fondent en boues liquides, villes des tropiques croupissant dans les fièvres moites, tous ces lieux surchargés de pourriture représentent un nouvel aspect d'un panorama unique, qui dépeint la corruption des êtres, la dissolution irrémédiable de l'existant.

Dans un article sur la grande déroute du *Voyage*, J.-P. Richard met en évidence la « *nausée de Céline* » [17] et en analyse tous les thèmes obsessionnels. Il montre les phobies, les réminiscences en filigrane, derrière cette accumulation de faits observés, qui pourrait, au premier abord, faire assimiler Céline à un réaliste. Or, Céline a intériorisé, subjectivisé le monde dans ses romans, et le conflit qu'il exprime n'est pas seulement celui des institutions, des sociétés, mais aussi celui de sa propre misère intime, encore plus noire que la réalité la plus éprouvante. Il faudra donc, à notre sens, poser l'hypothèse d'une vision de nature mystique et rechercher ses fondations mythologiques.

Le *Voyage* détruit les décors pour en rebâtir d'autres, ceux de la noirceur fictive d'un univers souterrain où l'homme, mis à nu, a revêtu un contre-masque pour célébrer comme une messe noire de la déchéance et de la mort. Céline jette machinalement son vitriol sur les maquillages, mais sa destruction systématique, sa monomanie de l'ignoble, font rapidement émerger un univers monstrueux, aussi artificiel que les masques, atteignant dans la négation un absolu à rebours.

À son insu, l'écrivain développe, dès le *Voyage*, une anthropologie bien précise, apparentée aux mythologies de la chute et fondée sur la conception d'un homme « vicié par nature », d'un homme dont l'existence même constitue un malentendu, une erreur. Esclave de Thanatos, il n'a été jeté dans le monde que pour fabriquer sa propre fin et celle de ses semblables : « *Dès l'ovule, il est le jouet de la mort.* »[18]. L'entreprise de l'écrivain, « *proclamer toute notre dégueulasserie commune de droite et de gauche d'homme* » (*Mea*,337), selon ses propres termes, vise d'abord à détruire l'image idolâtre de cet homme, mais, par un renversement quasi dialectique, Céline érige un nouveau fétiche. Sa Bête est majuscule mais en creux.

Pour dévaluer le concept d'humanité au profit de celui d'animalité humaine, ou plus exactement de sous-humanité gangrenée, le roman collectionne les scènes triviales et dégradantes : soldats vautrés dans la furie, avortées en hémorragie, malades expectorant leurs crachats, bonnes sœurs tracassées par les « *morpions de la troupe* » (*V*,144). L'auteur affectionne particulièrement les situations scatologiques : débouchage laborieux des cabinets, stations prolongées dans les édicules publics, culte fécal concélébré par ces citoyens américains en état de « *débraillage intime* » (196).

De même qu'il fait choir le Sacré en imaginant le Bon Dieu « à poil », Céline fait tomber l'idole humaine en la représentant aux cabinets. Cet abaissement de l'angélisme

au profit de la Bête, pour reprendre une antinomie pasca-
lienne, transparaît dans la scène où Bardamu compare les
paroles de l'abbé Protiste à la défécation. Le « Verbe » est
ce qui fait la spiritualité de l'homme, ce qui le distingue de
l'animal. Céline rabaisse à dessein cette spiritualité en assi-
milant les mécanismes de la parole à des contractions anales,
en s'arrêtant sur des détails physiologiques péjoratifs : dents
cariées, mauvaise haleine, convulsions de la bouche : *« Voilà
pourtant ce qu'on nous adjure de transposer en Idéal.* »
(*V*,332). Rabelais, médecin lui aussi, se complaît dans la scatologie. Mais tandis que l'animalité de Gargantua est soulevée
par les jubilations de la vie, Céline, Rabelais noir, y voit une
raison nouvelle de désespérer. Le premier magnifie un peuple
plein de santé et de joie de vivre, le juge avec foi, même
dans ses aspects les plus grossiers : la goinfrerie, la saleté,
l'ivrognerie, la goutte au nez de Frère Jean, l'indigestion de
Gargamelle, le « parfait torche-cul », sont emportés dans un
torrent d'optimisme. Rabelais a la scatologie joyeuse, Céline
l'a triste. Si le rire, la pléthore verbale, les apparente l'un à
l'autre, Céline inverse à peu près tous les thèmes rabelai-
siens et dévalorise l'animalité humaine : *« Je dirai : ils sont
lourds !* Ça les résume. » [19], écrira-t-il plus tard à A. Paraz. À
Marc Hanrez, il réitérera cet aveu : *« Ils s'occupent d'histoires grossièrement alimentaires ou apéritives ils boivent,
fument, mangent de telle façon qu'ils sont sortis de la vie...
Ils digèrent... Ils ne sont plus que des appareils digestifs. »*
(p. 221 [20]). Depuis le *Voyage*, Céline stigmatise la déchéance
de cette *« horde lourde, bouseuse, titubante d'un bobard à
l'autre hâblarde »* (*V*,340) soumise avec enthousiasme *« aux
besoins naturels, de la gueule et du cul »*.

Toutefois, si le dessein de Céline est d'accuser l'homme
digérant, incapable de dépasser les pulsions animales, il est
aussi d'accuser l'homme espérant, aussitôt renvoyé à ses

instincts élémentaires. L'auteur frappe, tantôt en haut, tantôt en bas. L'homme, « *enclos de tripes tièdes et mal pourries* » (*V*,332) est tour à tour morigéné de n'être que tripes et renvoyé à la tripe s'il s'en évade. D'où l'aspect protéiforme, contradictoire en apparence, de l'anthropologie célinienne. Elle se fonde sur la double obsession de l'asticot et de la grimace. Chaque individu est, pour Céline, un potentiel « *sac à larves* » : « *Invoquer sa postérité, c'est faire un discours aux asticots.* » (*V*,38). Vermine potentielle prédestinée à devenir « poussière », le corps et la matière sont perçus comme une prison physique, une geôle moléculaire que seule la mort pourra transgresser. Il est remarquable que la mort soit, dans l'imagerie célinienne, un éclatement biologique qui permettra aux cellules de remonter, en feu d'artifice, vers les étoiles, dans le mouvement contraire de celui qui fit leur déchéance (333). Conformément à l'archétype de la chute, l'écrivain conçoit la vie comme une métamorphose inversée, de l'état initial, aérien, de papillon, à l'état final d'« asticot rampant ». Une des hantises fondamentales de sa vision est l'appesantissement, la déchéance des corps, entraînés dans le marasme existentiel

Il y a les boyaux. Vous avez vu à la campagne chez nous jouer le tour au chemineau ? On bourre un vieux porte-monnaie avec les boyaux pourris d'un poulet. Eh bien, un homme, moi je vous le dis, c'est tout comme, en plus gros et mobile, et vorace, et puis dedans, un rêve. (*V*,194)

Elles veulent aller se perdre nos molécules, au plus vite, parmi l'univers ces mignonnes ! Elles souffrent d'être seulement « nous », cocus d'infini. On éclaterait si on avait du courage [...]. Notre torture chérie est enfermée là, atomique, dans notre peau même, avec notre orgueil. (333)

Il serait faux de dire, pourtant, que l'écrivain, contempteur de la nature humaine, mais aussi médecin par vocation, ne crédite pas l'homme d'un potentiel d'aspirations vers le mieux. Mais il accorde très bien cette conception avec son pessimisme métaphysique, et montre comment le « cocu d'infini » est berné par ses propres dispositions intimes, et doit, bon gré, mal gré, participer à « *cette farce atroce de durer* ». (*V*,333).

Préfigurant Sartre, qui reconnaît sa dette dans l'épigraphe de *La Nausée*, Céline exprime un écœurement existentiel sans contrepartie, doublé d'une nostalgie insoutenable des ombres qu'il entrevoit sur les murs de la caverne.

3) LE JEU DU « POUR CE QUI EST CONTRE » ET DU « CONTRE CE QUI EST POUR »

Bien d'autres avant Céline firent ces constatations désespérantes, mais jamais on n'y mit tant de complaisance, tant de hargne vindicative. Cette ambiguïté nous incite à chercher quelles sont les arrière-pensées de l'auteur derrière cette critique. Que veut-il, en dernier ressort ? Sortir les gens de leur misère ou les y enfoncer ? Aider son prochain ? Se venger ?

Selon son processus coutumier, il rabaisse l'humanité, non sans jubilation, lui faisant honte de sa chute. Il la voue à la pourriture. Mais au nom de quel critère peut-il juger de cet abaissement, puisqu'il réduit toute valeur transcendante à n'être qu'un épiphénomène du calcul, de l'intérêt, de la duplicité ? Comment peut-on condamner la bassesse lorsqu'on décrète, en même temps, que toute aspiration contraire n'est qu'un camouflage de bassesse ?

Pascal a dénoncé la misère de l'homme, mais ce fut pour la confronter à sa grandeur. Bernanos, autre pamphlétaire indigné, a trépigné devant la veulerie ambiante. Léon Bloy, qui maniait l'étron avec autant de fréquence que Céline et dont la fureur pessimiste a quelque parenté avec la sienne, était chrétien. Athée, ce qui ne veut nullement dire dépourvu d'aspirations mystiques, Céline n'a pas ces recours d'en haut, bien plus, il nie radicalement toute foi. « *Dieu est en réparation.* » (*ÉC*, épigraphe). Sartre et Camus ont souligné le malentendu existentiel, accusé « l'enfer des autres ». Ils ont décrit un monde privé d'illusions et de lumière où l'homme soudain se sent étranger. Mais l'absurde, chez eux, a toujours sa contrepartie : l'engagement, la foi dans un projet, même limité. Céline refuse l'au-delà, nie le présent. La condition humaine, pour lui, implique une souillure irrémédiable. À jamais Bardamu et Ferdinand connaîtront la honte, l'obsession d'impuissance et de culpabilité. À jamais leurs actions ne seront que vanité, déception, échec. Tel un janséniste qui aurait perdu la foi, Céline englue l'homme dans sa faute, lui interdisant toute chance de rachat. Il fige son univers et ses personnages dans un mal sans retour. D'où la honte insupportable qui s'abat sur un monde aussi noir. D'où les obsessions qui orienteront irrémédiablement les écrits céliniens vers le morbide. Les marxistes, avec lesquels Céline partage un certain état de révolte, transfèrent leurs espoirs dans la régénération du prolétariat. Ils font table rase pour reconstruire. L'auteur ne croit en rien, persuadé que toute société sera fatalement pourrie et viciée, parce que l'homme, d'après lui, est foncièrement pourri et vicié. À l'unanimité, Trotsky, Nizan, Anissimov et d'autres écrivains engagés, lui ont tenu grief de ce nihilisme défaitiste : « *Il préfère dénoncer la réalité au moyen du délire que d'avancer dans le chemin qui mène à sa transformation. L'artiste s'enchaîne au monde même dont il a révélé la pâleur mortelle.* » [21]. Le refus viscéral de Céline s'oppose aux programmes révolutionnaires, à leur part d'espoir, fût-il utopique. D'un pessimisme noir, sa révolte aboutit à la paralysie de toute action. L'idée même de lutte, de futur, paraît dérisoire chez lui.

Même les anarchistes, quelle que soit leur vision dévalorisante de la société, gardent confiance dans la commune libertaire, dans la spontanéité des masses, la liberté créatrice. Exécrant le bourgeois, Céline éprouve vis-à-vis du peuple des sentiments très ambigus, faits de compassion et de répulsion, voire de dégoût profond.

Ce dégoût ne s'étend pas seulement au sous-homme, mais aussi au surhomme. Céline précipite dans la même poubelle, matériel et spirituel, héros et anti-héros, bourgeois et prolétaire, etc. Selon une critique à bascule, Bardamu et Ferdinand dénoncent l'hypocrisie des élites, la veulerie des veules. On note chez Céline une égale haine du sublime et du médiocre. Il y a quelque chose d'hallucinant dans la situation de Bardamu, hanté par un absolu auquel il aspire tout en le niant, coincé entre les valeurs refoulées et la réalité triviale dont il remue la fange pour s'en écœurer davantage. Cette situation fut d'autant plus sensible aux contemporains de Céline qu'elle coïncidait avec un état de civilisation où l'homme aspirait à croire, souffrait de manque, de frustration. Contemplant les divinités mortes, Céline perçoit la hideur du mercantilisme, du matérialisme, et, par bravade, se plonge dans le banalisme, payant ce repli sur l'élémentaire par un « mal du siècle » voisin de la neurasthénie.

L'aspiration est à l'idéal, tout idéal est duperie et pourtant il n'y a aucune santé mentale sans élévation. Voilà le drame célinien. Il a manqué à cette œuvre les commentaires de Bardamu sur la thèse du jeune Destouches. On peut augurer que Bardamu aurait traîné Semmelweis dans l'ordure et la dérision, qu'il l'aurait qualifié d'hypocrite ou de niais. De fait, tout le *Voyage* et *Mort à crédit* respirent cette conclusion et c'est bien à ce niveau que nous en situerons le pathétique.

S'il fallait donner une première définition de Céline, à partir du diptyque *Semmelweis*, le *Voyage*, nous verrions en lui un amalgame d'anarchisme sans la révolution, de jansénisme sans la foi, de nietzschéisme combiné à l'abomination du surhomme. Céline, athée religieux, athée de l'homme, rabaisse mais sans exhausser, et tout ce qui s'exhausse, il le ravale. Celui-là même qui vouait un culte admiratif à Semmelweis professe un tel nihilisme des valeurs qu'il est déchiré, il oscille entre deux attitudes, faisant à la fois le procès du matérialisme et celui des valeurs qui l'en arrachent. Contre la maladie et l'infection, mais aussi contre les aseptiseurs. Tels sont les deux pôles antinomiques du drame célinien, discernables déjà dans la thèse de 1924, explicites dans le *Voyage* qui est son exact contrepied.

L'auteur est tiraillé entre des élévations quasi inaccessibles et un dépit à l'égard de ces mêmes élévations. Il se retourne à angle droit contre soi-même, dévaste ce qu'il admire, puis se complaît dans un contre-héros tout en le haïssant intimement. Ses projections romancées, Bardamu et Ferdinand, souffrent du même conflit. Malades de la médiocrité, ils sont en même temps possédés de haine envers quiconque veut les en arracher, à commencer envers eux-mêmes. Ils se tirent de ce naufrage en niant tout ; les navigateurs, le bateau, la boussole et le nord magnétique.

Quand, à force de cheminements contradictoires, la situation avoisine le point d'asphyxie, Céline lève la bonde par la bouffonnerie, la farce, rendant un peu d'oxygène au lecteur. Quand il suffoque vraiment trop, Céline fait le pitre. Il s'échappe dans le délire et se prend à rêver d'un monde neuf, où chacun irradierait de sa tendresse la misère qui l'entoure. Mais il refoule vite l'utopie et peut-être la refuserait-il si elle existait. On comprend alors cette tension qui ne peut s'exorciser ni par la fuite imaginaire ni par la rigolade.

Ce déchirement intérieur est la source des grands cris lyriques du *Voyage* et, chez l'écrivain, le point de départ d'un messianisme personnel encore jamais vu. Or, s'il est incontestablement un maître à rugir, Céline est difficilement un maître à penser. Écrivain d'humeur, et d'humeurs contradictoires, il ne sera jamais un guide pour la pensée ou pour l'action.

La critique unilatérale de l'auteur le mène à une table rase totale, au désert ravagé de l'apocalypse. Dans ce monde grotesque de cauchemar, aux confins de la mort, il n'y a pas d'échappatoire. Il y règne une drôlerie forcenée, un humour d'autant plus intense qu'il est sans lendemain. Le *Voyage*, *Mort à crédit*, réalisent le tour de force de faire rire énormément et d'entraîner le lecteur dans un univers inviable.

4) UNE DÉMYSTIFICATION MYTHIFIANTE.

LES DANGERS DU « POINT DE VUE D'AUGUSTE »

Il n'est guère difficile de prévoir les suites mythomanes d'une telle vision, d'un tel huis clos dans lequel Céline nous tient enfermés après s'y être enfermé lui-même. La position limite de l'écrivain est comme une marmite comprimée dont l'explosion ne saurait se faire attendre longtemps.

Bardamu et Ferdinand ne connaissent jamais la satisfaction d'une entreprise menée à bien, d'une action positive et libératrice. Céline leur assigne un échec constant. Quelle que soit l'alternative, la même accusation à bascule pèse sur le coupable *a priori*. Si l'on examine attentivement les situations céliniennes on ne peut manquer de noter la permanente identité de leur schème. Il existe un procédé, une « recette de cuisine » de littérature célinienne : l'auteur démolit tout idéal, le ridiculise, l'écrase sous un banalisme dérisoire. Puis, quand il l'a réduit à la bassesse, au calcul, à l'ordure, il hurle sa répulsion, il clame sa nostalgie de la pureté. Il enferme ses personnages dans des alternatives impossibles, faisant de leur existence une situation intenable.

Instinctivement, Céline mitonne des impasses d'où ses doubles — avant lui-même — pourront difficilement s'extirper, mais où ils seront assurés de souffrir. Car pour lui, le bonheur n'existe pas. C'est une grâce vaine, un anachronisme en quelque sorte. Bardamu exprime à plusieurs reprises, sa honte inquiète devant un tel don immérité. Il fuit et se retranche, refuse la plénitude d'un bonheur qui détruirait sa sécurité pessimiste : « *On s'en aperçoit à la manière qu'on a prise d'aimer son malheur malgré soi.* » (*V*,229). L'épisode de Detroit pourrait être pour Bardamu un heureux dénouement, mais il entraverait sa vocation à la souffrance. Il le refuse, alléguant ses déboires passés, pour ne pas tricher avec son destin qui sera de rechercher « *à travers la vie* [...] *le plus grand chagrin possible pour devenir soi-même avant de mourir* » (236). « *Parti dans une direction d'inquiétude* », le porte-parole célinien finit par s'y complaire ; il prend ses habitudes dans la prison circulaire où il s'est lui-même enfermé. Cela entraîne un véritable voyeurisme dans l'horreur, qu'analyse, détail par détail, un épisode du *Voyage* : alors qu'on rosse une petite fille, Bardamu assiste à la scène, figé d'écœurement, mais à l'affût de toutes les impressions, comme un voyeur lucide désirant s'enfoncer jusqu'au dernier cercle du cauchemar : « *J'aurais pas pu manger mes haricots tant que ça se passait. Je ne pouvais pas fermer la fenêtre non plus. Je n'étais bon à rien. Je ne pouvais rien faire.* »

(265-6). Le comportement de Bardamu est symbolique d'une des alternatives céliniennes devant la découverte de l'ignoble : la contemplation horrifiée et fascinée. Non sans un certain masochisme pervers, le narrateur est aux écoutes, avide de nouveaux détails toujours susceptibles de l'intriguer, le faire souffrir et l'écœurer encore d'avantage : « *L'envie vous prend quand même d'aller un peu plus loin pour savoir si on aura la force de retrouver sa raison, quand même, parmi les décombres.* » (417). À côté de cet immobilisme stérile, quoique vociférateur, le constat d'échec célinien entraîne une attitude de révolte suicidaire. L'auteur nous propose un réquisitoire tonitruant, mais qui, dans son inconséquence, tombe dans le vide. C'est une énergie qui vit sur elle-même, une destruction couplée d'une autodestruction gratuite, qui mène droit à l'impasse : Céline aurait pu intituler son œuvre « Suicide à crédit ».

« *Il me parut y avoir là l'ébauche d'une ligne sordide* » [22], notera André Breton, décelant combien le pessimisme de l'écrivain fait boule de neige, combien il y a de bassesse à douter, à compromettre la vie en détruisant ses raisons d'être. Élie Faure a fait un reproche analogue à l'écrivain, avouant dans une de ses lettres : « *Nihiliste, vous êtes, je le répète, dans le vrai, métaphysiquement parlant. Mais humainement parlant, c'est la foule qui veut un prétexte à vivre qui a raison, et, prenez-y garde, qui aura raison, ce qui est mieux que d'avoir raison.* » [23]. Bien des commentateurs du premier roman de Céline pensèrent que, passé le stade initial de la table rase, l'écrivain déboucherait sur une espérance ou sombrerait dans la folie. Or, celui-ci n'a pas trouvé d'échappatoire au *Voyage*. Aux abords de la seconde guerre mondiale, cet iconoclaste se précipite dans l'apologie d'un mythe des plus grossiers. Il trouve dans l'antisémitisme un ersatz d'issue, sans y croire là encore tout à fait, comme le prouve la logique défaitiste de ses pamphlets doublée de leur tendance à l'énormité, au canular. Céline se débondera furieusement pendant un temps dans une sorte de manichéisme du bien et du mal, sorte de thérapeutique à la monomanie du mal.

Figé sur le néant postulé, Céline l'a chanté, rabâché, sublimé, exorcisé par le rire, jusqu'à ce que la plume lui tombât des mains. Mue par un mouvement de spirale, son œuvre ressasse quelques obsessions clés, progresse sans jamais avancer dans le même cercle vicieux que symbolise la chanson des Gardes Suisses du *Voyage* :

> Notre vie est un voyage
> Dans l'hiver et dans la Nuit,
> Nous cherchons notre passage
> Dans le Ciel où rien ne luit. (*V*, épigraphe)

Céline brode lyriquement sur cette trame, module un soliloque noir coupé de gros rires. L'échec de l'espoir, la fin des temps et des hommes, tous ces thèmes le fascinent et lui arrachent ses meilleures pages. Il ne s'en détachera jamais, recommençant d'un roman à l'autre l'histoire de sa déroute intérieure dans un monde d'échec, racontant avec enflure son impuissance et son angoisse. On pourrait parler chez cet écrivain, d'une délectation morose et goguenarde du néant. Sans nul doute, il faut y voir l'origine, la source de ce qu'un critique, en 1936, désignera sous le nom de « *célinomanie* »[24].

Tout laisserait croire, pourtant, que L.-F. Céline ait été conscient des dangers d'une vision pessimiste unilatérale et de ses conséquences insupportables. Auguste, le Père imaginé de Ferdinand dans *Mort à crédit*, en est la première victime : doutant de tout, ruminant des souvenirs d'échec, il rend l'atmosphère de son foyer irrespirable pour sa femme et son fils. Avant Louis-Ferdinand, Fernand Destouches, outrageusement caricaturé en Auguste, aurait-il été victime, lui aussi de cette « *célinomanie* » ?

Auguste, tel qu'il nous est décrit, est en proie à une culpabilité lancinante ; il passe le plus clair de son temps à charger d'accusation son épouse et Ferdinand, à transférer sur eux l'angoisse et la honte qui le tenaillent. Il soupçonne en son fils les pires instincts :

> Mon père il voulait rien chiquer... il était buté « mordicus » [...] je deviendrais le pire des apaches... C'était dans la fouille ! Il voulait pas en démordre... J'assassinerais en Angleterre aussi rapidement qu'à Paris ! C'était du tout cuit ! [...] Ah ! Ah ! On en voulait des catastrophes ! On en aurait ! et davantage ! On en serait écrabouillés ! Couverts de dettes ! Un fils au bagne !... L'extravagance sur toute la ligne !... Les conséquences ?... Effroyables !... (*MC*,680)

De surenchère en surenchère, les époux finiront leurs jours enfermés dans un double monologue de récriminations rancies, mutilés « *du désespoir* » (*MC*,760).

Céline décrit la révolte du jeune Ferdinand contre ce climat asphyxiant. Ses réactions face à l'autorité d'Auguste, « Sur Moi » tyranique et grandiloquent, sont violemment hostiles, voire haineuses (il tentera de l'étrangler). Une partie de la vérité psychologique de *Mort à crédit* réside en ce rejet par l'enfant, de toutes ces projections parentales obsédantes. Lorsqu'il arrive chez Courtial, bienveillant fumiste laissant flotter la vie au gré de ses caprices, Ferdinand peut enfin se développer, jouir de la liberté d'exister, de la joie du rire et de la vie. C'est, dans le roman, un grand calme après la colère. Mais la marque d'Auguste est indélébile. Ferdinand a intériorisé l'obsession.

Que les faits aient été déformés par l'imagination, il n'en reste pas moins que, dans *Mort à crédit*, Céline associe le pessimisme rabâcheur d'Auguste au dégoût de la vie et qu'il en montre les ravages : « — *Des idées moi ? Dis donc tout de suite que je déconne !... Vas y ! des idées ! Ah ! Clémence ! Tiens ! Tu es incorrigible ! La vie passe et ne t'apprend rien !... On nous persécute ! On nous piétine ! On nous bafoue ! [...] Et que trouves-tu à répondre ? Que j'exagère !... C'est le comble !* » (*MC*,561). *Mort à crédit* exprime le drame profond d'un « Moi » vivant, en conflit avec une autorité dévalorisante. Que ce drame ait été vécu dans la réalité parentale ou fomenté essentiellement dans l'inconscient célinien, il occupe une place très importante. Il semble que Céline ait expérimenté dans sa chair, en le vivant, ce qu'il en coûte de respirer dans l'entourage de gens « visant bas » mais pas toujours juste. Il semble ensuite que l'écrivain se soit révolté contre la conception pessimiste et basse qui fut la sienne et qui était probablement, toute exagération mise à part, celle de son père. D'où l'ambiguïté de cette révolte, comme si l'écrivain se débattait avec une part de lui-même qui lui pèse mais dont il ne peut se débarrasser.

Mort à crédit laisse à penser que Céline était très conscient des effets pernicieux de la vision d'Auguste. De même qu'il avait perçu, en une conscience prémonitoire troublante, le déroulement malheureux de sa propre existence chez celle d'Ignace Semmelweis, de même Céline, par le truchement d'Auguste, a dénoncé, pressenti, les conséquences pathologiques d'un pessimisme unilatéral. Auguste, mythomane, castrateur, accusateur, a l'imagination apocalyptique des prophètes de malheur. Il en sera la victime : « *Mon père, il se causait tout seul. Il s'en allait en monologues. Il vitupérait, il arrêtait pas... Tout le bataclan des maléfices... Le Destin... Les Juifs... La Poisse... L'Exposition... La Providence... Les Francs-Maçons...* » (*MC*,675).

Avec la même outrance que celle d'Auguste, Céline finira par traquer les multiples monstres qu'il avait si bien dénoncés auparavant. Une comparaison entre les tirades du père et certaines phrases extraites de la correspondance de l'écrivain, de *Féerie*, ou même de la trilogie finale nous montre bien l'identité des idées fixes : prédiction de catastrophes entraînant la fin du monde, l'extinction de la race humaine, vitupérations, invocation du « Fatum », des juifs, des francs-maçons. L'agression contre le père, dans *Mort à crédit*, est un essai manqué de libération cathartique contre les obsessions que Céline retrouvera, incarnera, tout au long de sa carrière.

De *Féerie* à *Rigodon*, des hordes de persécuteurs grotesques, de bourreaux relevant à la fois du canular et de la magie noire, se coalisent contre Louis-Ferdinand. À la différence de ceux de Jean-Jacques Rousseau, beaucoup de ceux de Céline seront bien réels, mais il aura tout fait pour les provoquer. « *Ils veulent tous me tuer... pas spécialement Clémence ! son fils ! tous !... [...]* » (*F1*,12), « *André ! François ! Canal ! Rodolphe !* », « *le môme Nartre !* » (174), mais aussi « *la tante Estrême* », « *Ciboire* », sa « *Pharisienne* », « *Larengon* », « *La Bibici* », « *l'Hortensia* », et les vengeurs réunis par milliers.

Auguste est donc une des possibilités d'être de Céline, une tendance intime dont l'écrivain a fort bien mesuré les périls, mais devant laquelle il s'est avéré impuissant. Il est curieux de noter comment, longtemps à l'avance, l'auteur a eu la prescience des ravages de la « célinomanie » sans pouvoir les contrecarrer. Ferdinand dénonce les fantasmes d'Auguste, mais il en sera lui-même la victime ; et l'on se demande si, en dernier ressort, dans ce jeu de miroirs, le fils lutte encore contre le délire paternel ou exprime ses propres délires à travers le père.

Qu'Auguste soit le géniteur de Céline, ou Céline l'inventeur d'Auguste, la distinction importe moins que la persistance avec laquelle ils profèrent tous deux le même délire célinien. Tout se passe comme si l'auteur déposait, bon gré, mal gré, dans le cerveau d'Auguste, les prémices de son univers apocalyptique.

5) ÉLÉMENTS DE MYTHOLOGIE GNOSTIQUE

Les écrits céliniens représentent, en quelque sorte, le macrocosme sublimé de la vision d'Auguste : vision déformante tenant à la fois du grotesque et du monstrueux : « *Jamais* », écrira Milton Hindus après sa rencontre danoise avec l'écrivain exilé, « *je n'avais senti à ce point que Céline était un poète lyrique qui n'avait été capable en fin de compte, que de peindre un seul caractère : le sien.* » (p. 47 [7]). Cet égocentrisme fabulateur entraîne dans son optique délirante la réalité extérieure dont s'inspire l'écrivain, tandis que les schèmes apocalyptiques font leur apparition et s'imposent avec des structures archétypiques inconscientes en progression quasi onirique. Dans ce délire d'interprétation, dans cette fantasmagorie imaginaire, mêlant le grotesque à la réalité, nous considérons quelques éléments de la mythologie personnelle de Céline.

Céline a fait de son psychisme un univers. Il l'a matérialisé par le rire et l'ignoble, il lui a fait prendre la forme de villes poissardes, de végétations tropicales homicides et extravagantes, d'hôpitaux souricières « *au fond des boues tenaces des banlieues insoumises* » (*V*,101). La peur, la souffrance ont l'aspect d'« *une femme qui serait affreuse* » (340) ou s'expriment à travers une de ces rondes humaines grimaçante et déboussolée, un de ces troupeaux d'abattoir, d'usine ou de salle d'attente, « *vivants qu'on égare dans les cryptes du temps* » (360) et qui ont tous pactisé avec la mort. Ces personnages intérieurs, surgis comme des matérialisations ectoplasmiques pour séances spirites, sont aussi fictifs et réels à la fois que les « *longs corbillards* » [25] ou les cloches sous le crâne de Baudelaire. Ils participent à sa vision obsessionnelle, tirant sur le grotesque, le monstrueux, le « mutilé ».

Céline estropie à plaisir ; il disperse, désarticule. Dans *Mort à crédit*, Clémence est agitée par une danse de Saint-Guy ; dans l'escalier en tire-bouchon, Auguste ravage la vaisselle et bute dans le mobilier ; Gen Paul, amputé d'une jambe, se retrouve sur le chariot du cul-de-jatte, « Gugusse la Gondole » alcoolique et démentiel... Les traits discordants, les faciès de fous, les monstres hilares ou déments, l'écrivain se constitue un monde boschien illustrant la farce cosmique, le grand malentendu universel orchestré par le « Dieu mauvais ». Dans cette cour des miracles digne du peintre du *Char de foin* ou de *Dulle Griet*, les fous occupent une place notoire. Le *Voyage* débute par une crise de démence collective, celle de « *deux millions de fous héroïques et déchaînés* » (*V*,37) ; se poursuit par une description des coloniaux fabulants, hagards et alcooliques. Il nous entraîne dans trois asiles psychiatriques, dont celui du célèbre Baryton. Là, Céline se meut à l'aise, dans ce monde incohérent, absurde et rigolard en même temps. Il jubile en pastichant les délires des pensionnaires, en évoquant le psychiatre cinglé, sa fillette débile et les petits groupes vadrouilleurs de maniaques :

On observait encore de longues et brusques vagues de frénésie qui venaient secouer de temps à autre les groupes d'aliénés, à propos de rien, au cours de leurs vadrouillles interminables, entre la pompe, les bosquets et les bégonias en massifs. Tout cela finissait sans trop d'histoires et d'alarmes par des bains tièdes et des bonbonnes de sirop Thébaïque.
Aux quelques fenêtres des réfectoires qui donnaient sur la rue les fous venaient parfois hurler et ameuter le voisinage, mais l'horreur leur restait plutôt à l'intérieur.   (*V*,407)

On pourrait parler d'une véritable fascination du « cabanon » chez Céline. Les paranoïaques, les délirants, font partie de sa faune, tels Sosthène et son acolyte, le colonel, dans *Guignol's Band* ; tel Auguste, le névropathe, Courtial le délirant, le « cureton fantasque » de la cloche à plongeur, les abonnés au *"Génitron"*, dans *Mort à crédit*. L'idiot du « Meanwell College » l'enchante véritablement :

C'était une grande sujétion, un petit forcené pareil, surtout au moment des repas, il avalait tout sur la table, les petites cuillers, les ronds de serviette, le poivre, les burettes, et même les couteaux... C'était sa passion d'engloutir... Il arrivait avec sa bouche toute dilatée, toute distendue, comme un vrai serpent, il aspirait les moindres objets, il les couvrait de bave entièrement, à même le lino. Il en ronflait, il écumait en fonctionnant.   (*MC*,709)

Caricature d'une caricature, puisque l'écrivain exacerbe le grotesque d'un « type » en marge du commun : le fou, Jonkind est une projection significative de Céline, dont l'imagination exige le monstrueux, le délirant.

L'obsession excrémentielle est une autre constante célinienne et prend chez l'auteur des proportions oniriques. Elle n'a pas seulement une fonction défoulante, cathartique, selon l'antique tradition de Rabelais à Georges Fourest. Mais il existe chez l'écrivain, de même que chez Léon Bloy, de même que chez Swift, autre pessimiste sarcastique et désespéré, une véritable obsession de l'excrément. Avec une complaisance vindicative et provocatrice, Céline accumule les scènes fécales, nous l'avons vu. De plus, la scatologie célinienne prend rapidement des proportions démentielles : cerné par les étrons, Auguste, dans *Mort à crédit*, imagine un vaste complot fécal organisé par la Méhon. Comme par magie, les crottes de chien s'entassent devant sa boutique ! Georges Blond, non sans humour, a relevé chez l'écrivain l'obsession des cabinets en surnombre et bouchés de surcroît : « *Bon ! puisque les cabinets existent, il n'y a pas de raison pour qu'ils soient un thème interdit à la littérature, mais les cabinets, chez Céline, sont toujours bouchés. C'est systématique et irréel.* » [26]. Le « gog bouché » appartient à la mythologie personnelle de Céline, au même titre que le poussah ou le cul-de-jatte. Et ce n'est jamais un vulgaire édicule aux proportions normales : il devient ubuesque, monumental, aussi irréel que les agapes de Pantagruel ou les personnages de Gulliver. C'est un prétexte au délire scatologique. *D'un château l'autre* y va de son épopée fécale au sujet de cabinets surpeuplés et débordants ! Un niagara emporte tout l'étage, déferle jusqu'au rez-de-chaussée, tel une tornade empuantie, semblable aux inondations causées par la jument de Gargantua. Les cinquante premières pages de *Casse-pipe* représentent des hommes vautrés dans le fumier de cheval, jetés les uns sur les autres en un paquet indiscernable. Une séquence de *Féerie* (*F1*,169—78) montre comment Céline, préalablement mis en bouillie, se fait transporter en brouette et vider sur les plates-bandes d'un jardin copieusement recouvert de purin. Dès le *Voyage*, l'obsession est présente et Céline, quelques années plus tard, ne manquera pas de rappeler ce péché mignon : « *La critique [...]. Elle a dit comme trésor de merde qu'on pouvait pas trouver beaucoup mieux [...]. Monsieur Céline nous dégoûte, nous fatigue sans nous étonner... Un sous Zola sans essor [...] un plagiaire des graffitis d'édicule.* » (*BM*,13). Dans *Nord*, le cul-de-jatte est précipité dans la fosse à épandage, à Kränzlin. Ce monstre, que Céline prend plaisir à décrire, symbolise l'horreur, l'angoisse faite homme. Tronc épileptique couvert de fumier, il matérialise l'antithèse de la danseuse aux jambes déliées en laquelle l'auteur incarne une nostalgie amère de la beauté, de l'absolu, de l'idéal toujours ressenti par Ferdinand ou Bardamu sous la forme d'une frustration. Cette dichotomie entre un monde déchu et un absolu impraticable fonde un des archétypes fondamentaux de la mystique gnostique.

L'ultime conséquence de la critique célinienne est l'irruption de ce pôle noir, commun aux mythologies dualistes. La vision qui s'y rattache est une vision de nature mystique. Dès le *Voyage*, l'auteur, « *Breton*, [...] *mystique, messianique*», tel qu'il se définira en août 1947 dans une lettre à M. Hindus (HER,123), développe les thèmes essentiels de la vie illusoire, de l'homme déchu qui ne trouvera d'issue que dans la fuite. Son pessimisme l'incite à réactualiser, spontanément, des archétypes qui, revivifiés, produiront le choc de la nouveauté sur ses contemporains, mais dont la source est immémoriale. Le *Voyage au bout de la nuit*, aventure spirituelle comme beaucoup de ces voyages intérieurs qui empruntent leurs décors aux déplacements extérieurs, a toutes les caractéristiques d'une allégorie gnostique.

Céline n'a jamais eu la moindre prétention métaphysique. Il a balayé la question par un athéisme résolu. Mais, en fait, il développe une anthropologie implicite offrant une parenté avec les thèmes constants des mystiques dualistes d'inspiration gnostique. Rien n'y manque, ni l'idée de la chute irrémédiable de l'homme ni surtout l'horreur du réel, du monde sensible, toujours représenté comme une dégradation, une abomination : « " *La terre est morte* [...]... *On est rien que des vers dessus nous autres, des vers sur son dégueulasse de gros cadavre, à lui bouffer tout le temps les tripes et rien que ses poisons... Rien à faire avec nous autres. On est tout pourris de naissance... Et puis voilà !* " » (*V*,370). Il s'agit alors de sortir de cet univers mauvais, de cette nuit, de cette matière aliénante, puante. Malgré la diversité des sectes gnostiques, leur disparité au cours des siècles, cette obsession de l'emprisonnement originel est omniprésente : piégé, truqué, le monde où nous sommes **condamnés à vivre résulte** de la malice d'un démiurge mauvais. Son vice premier est d'avoir subi, molécule après molécule, un alourdissement initial. Né de l'appesantissement de la matière, ce monde est opaque, voué à la mort. L'homme lui-même résulte d'un malentendu et, dans sa matérialité physique comme dans son âme, il participe à la pesanteur aliénante. Rien ne saurait racheter cette créature qui, à l'image du monde, n'aurait jamais dû être.

Cette conception de l'univers, à tous égards, offre une parenté troublante avec celle de Céline :

L'homme n'est qu'une faute... il est loupé !... faut en prendre son parti... [27]

Anatomiquement, l'homme est malheureux. C'est un sale tour que lui a fait le bon Dieu en le mettant sur la terre et en lui disant : « Tu seras debout. » Alors sur deux pieds, la pesanteur l'emmène vers le bas. [28]

Une telle vision implique un mépris profond des appétits, des besoins physiques, une attitude ambiguë vis-à-vis du corps, faite tantôt d'attraction, tantôt d'horreur.

L'obsession sexuelle dégradante et la scatologie, qu'on pourrait croire du cru original de Céline, figuraient déjà dans l'arsenal de cette tradition. Suivant les sectes, les gnostiques éprouvaient des sentiments contradictoires de fascination-répulsion à l'égard de la matière. La défécation les obnubilait, comme symbole de notre appartenance au bourbier originel. Les thèmes du « monde prison », des « corps prison », de l'errance, de l'exil, de l'homme conçu en tant qu'étranger, singulièrement analogues à ceux du *Voyage*, apparaissent aussi dans la mystique gnostique.

Jacques Lacarrière [29], au fil d'un essai consacré à ces courants de pensée, cite les termes par lesquels les gnostiques dépeignent l'univers. Et ces appellations « cloaque - prison - bourbier - désert - piège », font également écho à celles des romans céliniens. Même le nihilisme, l'insoumission à l'égard de toutes les formes d'institutions humaines, se retrouvent également chez les gnostiques : puisque le monde n'est qu'une vaste machination, une farce de mauvais goût, toutes les lois, religions, états, autorités, aideront à perpétuer le scandale ; il n'existe aucun pouvoir, forgé dans ces conditions absurdes, qui puisse être légitimé. Il est intéressant de noter que la nature même des sectes gnostiques détermina l'échec de leurs entreprises, comme si cet échec était inscrit en elles dès le départ. En effet, l'antisystème qu'elles prônaient s'épuisa justement dans son propre refus d'exister. Cette désaffection viscérale, cette obstination à ne pas mettre en ordre sa propre révolte, caractérise aussi L.-F. Céline.

Niant tout ce qui existe, l'écrivain n'a d'autre recours que la fuite en avant perpétuelle, sans aucun aboutissement. Ce n'est pas un hasard si le *Voyage* ne se termine par aucune conclusion : après avoir serpenté en méandres opposés du sublime au repoussant, de l'idéal à l'abjection, il finit par se perdre dans le sable... et dans le souhait qu'un jour tout finira et « *qu'on en parle*[ra] *plus* » (*V*,493). Cette répétition sempiternellement reprise en rond, cette errance dans un avenir sans destin, cette descente dans un puits sans fond, cette absurdité finale de tout effort, dérivent encore du langage de ces mystiques. Aussi bien dans ses thèmes que dans sa structure, le *Voyage* est peut-être le plus grand texte « instinctivement » gnostique depuis les temps révolus de la Gnose doctrinaire.

Rien n'est plus tragique que cette pensée que Céline récupère à son profit, qu'il adapte à son époque, composant son diptyque : *Semmelweis* d'une part ; le *Voyage, Mort à crédit* de l'autre. Ces récits antagonistes révèlent les aspects inséparables du même drame. Ils retrouvent les voies de salut divergentes de l'ascèse, du sacrifice du pur, et de l'avilissement, de la débauche rituelle des « lucifériens ».

Céline combine le catharisme des « Parfaits » et la scatologie mystique. Son idéal est celui d'une vie de pureté et de détachement total. On connaît son désir d'affirmer sa frugalité, son abstinence, son horreur des abus digestifs, son mépris de la « tripe » :

La tripe sera toujours à la honte de l'homme, vous n'en ferez jamais un émouvant Credo, un titre de noblesse. Jamais. La tripe c'est toujours une erreur de la porter au pavois, la tripe sera toujours seulement la plus ridicule de nos servitudes, la plus piteuse de nos ordures. On s'en serait très bien passé. La nature a été vache. (*ÉC*,83)

À Marc Hanrez qui lui demandait : « — *Quelle est votre race idéale ?* » Céline répondait : « — *Une race d'ascètes* » (p. 223 [20]). Un des griefs les plus vifs qu'il ait nourri contre ses contemporains est celui de leur lourdeur, de leur matérialisme vautré, de leur manque d'exigences spirituelles. Seule, la danseuse en mouvement, la femme à la « beauté grecque », presque statufiée, trouvent grâce à ses yeux. Céline hait l'épaisseur, l'animalité, la matière en un mot. Paradoxalement (mais en cela il est gnostique), il y revient, s'y complaît, dépeint l'étron et toutes ses variantes. Dans l'insistance ordurière de Céline, il faut voir la tentation inverse de cette ascèse, ou plutôt une nouvelle ascèse à rebours, doublée d'une volonté systématique de vengeance, de blasphème. Ce goût de la profanation existe également chez le dramaturge Jean Genet, un des rares contemporains qui trouvât grâce devant l'auteur. La constance avec laquelle Céline s'applique à dégrader l'homme et le monde, la résurgence des thèmes fécaux, fait souvent penser à un rituel. La scatologie de Céline n'est pas, comme il le dit, de vulgaires « graffiti d'édicule » (BM,13), elle participe au drame cosmique, telle la scatologie liturgique de la Magie noire. C'est ce qu'ont ignoré la plupart des imitateurs de l'écrivain, les « alamanière-deux », ne conservant, dans leur pastiche, que la superficialité, les signes extérieurs du célinisme : vulgarité, obsessions sexuelles, scatologie, etc. d'où l'aspect artificiel, sans profondeur, incomplet de ces pastiches.

Or, dans le Voyage et les romans suivants, l'absolu est toujours là, mais de façon ignoble et dégradée, comme si l'écrivain voulait se venger de l'inaccessible en le piétinant. Dans les écrits de Sade, l'Église est toujours là, en substitut, et le rituel de profanation se déroule presque immanquablement dans ces châteaux noirs aux longues flèches gothiques, comme l'ombre, le calque des cathédrales absentes. De la même façon, l'insistance avec laquelle Céline dégrade l'image humaine, rapproche sa démarche de ces messes à rebours où l'officiant, élevant l'hostie, se livre ensuite à une parodie excrémentielle de la communion. Céline traîne l'image de l'homme dans l'ordure, mais de façon tellement outrancière qu'il s'agit d'un geste d'amour rendu à ce qu'il nie. Trépigner avec autant de rage, de délectation masochiste, se complaire avec autant d'excès et de jubilation dans la bassesse et la grossièreté, représente une sorte d'hommage à l'idéal piétiné. Entre ces deux pôles extrêmes Céline se débat et s'agite sans jamais trouver l'équilibre.

Céline, concluait Milton Hindus après sa visite danoise, est un « cas limite » (p. 86[7]). Son univers dissocié à la fois utopique, excrémental, tour à tour passionné et cynique, délirant et critique, hilarant et morbide, offre un véritable mélange détonnant des inconciliables. Mais plus profondément, il reproduit la dissociation de toute morale de type « cathare », oscillant entre le pur absolu et la déchéance pour condamner le réel, prosaïque et compromis.

La thèse de médecine écrite par le jeune Destouches nous a donné une des clés de cet univers porteur des incompatibles. Semmelweis, qui sous la plume de Céline est plus une idée platonicienne qu'un médecin en chair et en os, a pour envers une conception dégradante, dépréciante, de la vie quotidienne interprétée comme une chute, une perte de substance, une illusion ; thème gnostique s'il en fût. La discordance entre l'être de perfection rêvé et le monde prosaïque fait d'autant plus hiatus que le modèle de perfection fut placé haut. Chez l'écrivain, cette faille, ce déchirement, prennent des proportions de conflit cosmique. C'est une des clés de la haine célinienne contre le monde tel qu'il est et contre l'homme quelconque.

Il est significatif que le successeur de Semmelweis soit Parapine, le savant raté de l'« Institut Bioduret Joseph », dans le *Voyage*. Ce chercheur, qui portait peut-être en lui toute la potentialité géniale d'un Semmelweis, termine gardiens d'enfants débiles au cinéma Tarapout. Le porteur de feu dépeint dans la thèse de 1924 se métamorphose en voyeur, avide de réaliser ses quelques minutes de sublimation, en regardant, à l'abri d'un brise-bise, les jambes des petites pensionnaires du Lycée. Parapine, cette ensomatose de Semmelweis, exprime les angoisses de Céline lui-même, devant la banalité du réel.

Pendant toute son existence, Céline exprimera le double mouvement d'ascension vers une pureté héroïque, transcendantale, et la chute dans la platitude et l'encanaillement d'un Ferdinand : élévation vertigineuse et autodestruction finale. Ces deux aspects contradictoires, incompatibles, écartelés, font de ses romans, et de sa vie, presque un drame cathare.

Le psychisme célinien est un perpétuel déséquilibre exprimé en une cosmogonie romanesque.

Pour trouver l'équilibre, Céline aura recours à d'antiques magismes, à un fétichisme surgi du fond de l'inconscient primitif. Réactivant la fable de l'ogre juif, il cherchera une issue à son huis clos asphyxiant. Il ne manquera plus à Céline qu'à professer la mythologie manichéenne du Dieu bon et du Dieu mauvais. C'est au moyen du juif qu'il tentera d'exorciser le mal et de se débarrasser de Robinson.

III

CÉLINE APOLOGISTE, ENNEMI, PITRE DE CÉLINE

> « *Oh ! Colonel, oh ! Colonel !... moi, la modestie en personne ! Mon " Je " est pas osé du tout ! Je ne le présente qu'avec soin !... Mille prudences !... Je le recouvre toujours entièrement très précautionneusement de merde !*
> *— C'est joli ! Vous pouvez être fier ! À quoi vous sert alors ce " Je "?... ce " Je " complètement fétide ?*
> *— La loi du genre ! Pas de lyrisme sans " Je ".* »
>
> (*EY*,66)

1) L'AUTEUR ET SES PROJECTIONS ROMANCÉES

L ES premiers romans de Céline proposent une vision existentielle à caractère fortement mythologique et révèlent également une guerre intérieure par personnages interposés, un règlement de compte avec soi-même, dont la démarche antinomique, tiraillée, s'apparente à la fois à la « fuite » et à la « descente » des mystiques. Dans le *Voyage* et *Mort à crédit*, l'auteur invente des personnages qui le suivront comme une ombre, révélant ses fantasmes, ses aspirations, ses déchirements, et qui s'imposeront avec une telle force qu'ils deviendront son rôle unique. Laboratoire de ses recherches intimes, Bardamu, Ferdinand, seront aussi le terrain de manipulations dangereuses, d'expériences destructrices.

Les relations de Céline avec ses projections romancées sont très difficiles à cerner car l'écrivain a joué dès le début sur l'équivoque : tantôt confessions véridiques, chaque fois qu'il s'agit de faire valoir ses romans face aux œuvres livresques « *châtré[e]s de toute émotion directe voué[e]s aux infinis bavardages* » (*BM*, 123) des littérateurs concurrents, tantôt « *délire autobiographique* »[30], pur travail de styliste, quand la responsabilité des dires et des actes de Bardamu ou de Ferdinand devient trop lourde, le *Voyage, Mort à crédit* font vivre des héros qui ne sont pas l'auteur, mais dont la ressemblance avec lui reste suffisamment troublante pour qu'il ne manque pas de la revendiquer et d'en tirer parti. À Max Descaves qui lui demandait, dans une interview de *Paris-midi* en 1932, si les aventures de ses héros étaient réelles ou non, Céline dit en normand : « *Vous répondrez que vous n'en savez rien.* » (*CC1*,26).

Il est maintenant bien admis que Céline a transposé une part de fabulation personnelle en ses Doubles, se dérobant, se dissimulant dès le début sous des rôles contradictoires. La lecture du « dossier de presse » entourant le *Voyage, Mort à crédit* et la trilogie permet de suivre tous les méandres de ce cabotinage parfois voulu, parfois spontané. Céline se déclare tantôt humble praticien, modeste scientifique, tantôt honte de la médecine. Il invoque la misère de son enfance ou l'arbre généalogique de son ancêtre, le chevalier Destouches. Poussé par Altman, il authentifie dès 1932 la scène de l'*Amiral Bragueton*, entièrement inventée, mentionne une fausse trépanation de guerre, etc.

« *Bardamu n'est pas plus vrai que Pantagruel et Robinson que Pichrocole.* »[30]. Entre le médecin raté du *Voyage*, mêlé à plusieurs affaires louches, et le Docteur Destouches ancien hygiéniste de la S.D.N. et médecin fort apprécié de ses patients, la distance est considérable. La légende de Céline consultant dans son cloaque banlieusard reste en grande partie un mythe forgé *a posteriori* par l'écrivain, de même que celle de son enfance misérable. Les témoignages de ceux qui l'ont connu, comme les données biographiques de F. Gibault ou de l'« Album Pléiade » sont unanimes sur ce point et soulignent l'aspect volontairement dégradé des pseudo-reconstitutions du *Voyage* et de *Mort à crédit*. En outre, Marcel Aymé, Marcel Brochard, parmi bien d'autres, rappellent justement que Céline était conscient du procédé [31], lui qui a toujours refusé de laisser le roman entre les mains de son père ou de sa mère :

— Je sais bien que tu as affirmé cent fois à tes visiteurs, les Robert Poulet, Marc Hanrez, Roger Nimier, etc. que la biographie, ça n'a pas d'importance : « *Inventez la* ». Et tu ajoutais : « *Il faut choisir, mourir ou mentir.* » « *On fait du vrai en arrangeant, en trichant comme il faut.* » [...] Comédien, oui, Bardamu carnaval, tu étais un comédien né. Avec un cerveau moins rempli et moins brillant, tu aurais fait un excellent acteur. Et ceux qui, comme moi, te pénétraient, voyaient à ton visage, à tes yeux légèrement rieurs, à une petite moue des lèvres, que tu ne croyais pas un mot de ce que tu nous racontais ! [31]

Céline a joué le grand jeu avec [...]. Élie Faure [qui] toujours naïvement confiant en amitié a tout avalé : la miteuse ascendance, l'enfant misérable obligé de gagner sa vie à douze ans, la trépanation aussi. S'il a, comme presque tout le monde, identifié Céline à Bardamu, s'il a vu dans le *Voyage* « *le récit d'un désastre par l'une de ses victimes* », c'est que Céline le voulait. [32]

Il semble cependant que Céline n'ait pas toujours ménagé cette distance lucide, qu'il se soit souvent mystifié lui-même, finissant par croire à son rôle de victime, par mimétisme de ses personnages. Acteur et contempteur du masque tout à la fois, il interposera quantité d'écrans contradictoires entre lui et les autres ; il profanera, tournera en ridicule les péripéties de sa propre vie, si bien qu'il finira par devenir son rôle.

On admet aujourd'hui, non seulement l'évidence d'une affabulation progressive chez l'auteur, mais l'identification croissante de Louis-Ferdinand à Bardamu et Ferdinand, jusqu'à ce que l'auteur et son double ne fassent plus qu'une seule et même personne, Céline parvenant à la fin, à faire coïncider *son* monde avec *le* monde : en effet, tout se passe comme si l'auteur, dès la publication du *Voyage*, avait renchéri sur la presse, abusée ou provoquée, comme s'il avait conspiré à fausser son image, celle-là même qui, plus tard, ne manquerait pas de lui nuire. Or, à mesure que son double se discrédite, Céline se glisse dans sa peau, dupant le public et s'infligeant en même temps de mortelles attaques. Céline mimera Ferdinand avec une telle habileté qu'il mystifiera même ses proches amis. Par le truchement de ce personnage caricaturé, trivialisé, il se couvrira de dérision ainsi que ses parents qu'il aimait beaucoup en réalité. Il falsifiera sa biographie, dégradera, calomniera un couple de petits bourgeois ordinaires et s'infligera un abaissement semblable. Parallèlement, et par un phénomène de compensation, il commence à forger sa légende personnelle de martyr trépané, porteur des stigmates de la guerre, d'écrivain du peuple élevé dans la misère, de grand persécuté des lettres...

Cette métamorphose de Bardamu en Ferdinand, aboutissant à l'identification provoquante, quasi masochiste de l'auteur à son double, de quel embrouillamini de rancunes et de chimères peut-elle bien relever ? Quelle est la problématique qui se dessine derrière ces relations ambiguës de l'auteur et de ses projections romancées ? Nous tenterons d'élucider cette question en considérant tout d'abord le complexe d'« attraction-répulsion » de Céline par rapport à Bardamu et Ferdinand, tel qu'il s'exprime dans le *Voyage* et *Mort à crédit.*

2) BARDAMU L'AMBIVALENT

Comme tout délégué autobiographique, Bardamu extériorise chez l'auteur un certain nombre de traits caractériels — une, ou des « possibilités d'être », pour reprendre l'expression d'André Gide. Prolongeant les expériences, les dispositions, les travers de l'écrivain, il les réinterprète, les compense, les exalte ou les nie selon le cas, sous la loupe grossissante de l'exagération, de l'exaltation lyrique. Céline, en quelque sorte, part en quête de Louis-Ferdinand à travers Bardamu, son *alter ego.* Le destin qu'il lui assigne, les aspirations, les rêves ou les conduites ignominieuses qu'il lui attribue, sont autant de projections de conflits non résolus. Céline incarne dans Bardamu tout un complexe d'« attraction-répulsion » qui reproduit, comme dans un miroir, le drame intime d'un culte égocentrique couplé à la destruction de soi-même : Bardamu est disculpé, magnifié, face au tribunal des lecteurs, mais par un mouvement inverse et simultané, Céline le discrédite et le calomnie. Il en est à la fois le panégyriste et le calomniateur. Ce débat donne au *Voyage* ses accents authentiquement déchirés, comme si l'écrivain ne pouvait s'arracher à cette situation conflictuelle.

À première vue, le récit enregistre la progression spirituelle d'un personnage qui se découvre peu à peu. Mais, en profondeur, c'est une mise à sac systématique. Parti en quête d'un principe d'identité, Bardamu est animé d'un perfectionnisme refoulé qui le pousse à chercher toujours plus loin, jusqu'au « *plus grand chagrin possible pour devenir soi-même avant de mourir* » (*V*,236). Dans le marasme ambiant, il s'interroge sur ce qu'il peut y avoir de vrai, d'authentique en lui, et découvre sa vérité dans la démission et la couardise. En un premier temps, le jeune « *puceau de l'Horreur* [*et de*] *la volupté* » (17) professe un véritable culte de l'anti-héroïsme cynique. Il s'ébroue dans la honte avec délice : à la guerre, à bord de l'*Amiral Bragueton*, chez Lola, etc. Mais le pathétique du personnage est que, malgré son pessimisme, il ne peut s'empêcher de raconter la mort et la renaissance de ses illusions, ces mensonges vitaux. D'où un retournement vindicatif, inquiet, contre lui-même et cette banalisation forcée dans laquelle il s'est tant complu. Dès l'épisode de Detroit, l'anti-héros clame sa rancœur de n'être qu'un médiocre ; il le proclame en prenant le monde à témoin. Ce mouvement de bascule explique le revirement de Bardamu, fasciné par Robinson, son initiateur, puis le fuyant avec panique, mais le retrouvant partout, à l'image de sa vie. À mesure que Bardamu prend conscience de ses démissions, de « *ce qu'on est devenu en fait d'immondice* » (210), il éprouve de plus en plus de répugnance à rencontrer son frère d'ombre. Malgré ses voyages fébriles, ses fuites incessantes, il ne pourra jamais s'en délivrer ni éluder sa présence : « *Avec sa gueule toute barbouillée de peine, ça me faisait comme un sale rêve qu'il me ramenait et dont je n'arrivais pas à me délivrer depuis trop d'années déjà.* » (268). L'« amour-haine » que Céline voue à ses personnages témoigne à coup sûr d'un conflit profond chez l'auteur. Ces doubles que sont Ferdinand, Bardamu, Robinson, symbolisent tous un Moi tiraillé, schizoïde, oscillant entre des directions extrêmes et incompatibles, et qui visent à sa propre destruction afin de mettre un terme à ses conflits internes. En outre, ces conflits se résolvent dans le non-sens à la fin du *Voyage* qui confirme l'échec de l'anti-héroïsme débouchant sur l'impasse. L'anti-Semmelweis échouera comme Semmelweis. Le héros solaire, le Semmelweis platonicien, tombé dans la quotidienneté, ravalé de Bardamu en Ferdinand, de Ferdinand en Robinson, couronne sa carrière par un crime minable de gouape crapuleuse. Tout est néant et dérision. Sur plusieurs centaines de pages, Céline dépeint de l'intérieur un même sentiment de résignation et d'hébétude. La progression du *Voyage* est celle d'une spirale descendante, s'enfonçant de plus en plus bas, jusqu'au bout du non-sens.

Bardamu est le miroir grossissant d'une déroute intérieure. Il incarne, au-delà des transpositions inévitables de la réalité en fiction, une situation conflictuelle très certainement vécue par l'auteur. Dans une lettre à Eugène Dabit, Céline se reconnaissait un orgueil insatiable exacerbé par des tendances perfectionnistes : « *Vous ne cherchez pas comme moi hélas ! toujours à vous surpasser, vous n'êtes pas accablé d'orgueil comme moi. Je suppose avoir été si humilié, si longuement, si abominablement et si sottement par tant d'hommes que la maladie d'orgueil a fini par me venir. Pourquoi jouer les modesties ? Mais je suis lucide, c'est mon rachat. Je me vois plus cruellement encore que quiconque.* » (HER,39). Précisément, se voir plus coupable qu'on ne l'est en réalité représente le premier travers de la maladie perfectionniste, son signe apparent, son symptôme.

Bardamu est ce qui demeure de la fête héroïque quand les lampions en sont éteints et qu'il faut abandonner le rêve pour se retrouver dans le prosaïque réel. Mais ce que le commun des mortels accepte, l'orgueilleux le refuse. La fête doit se poursuivre et si ce n'est dans la lumière, ce sera dans les ténèbres. Puisque le sublime n'est qu'un rêve, puisque la réalité quotidienne est notoirement l'antinomie du sublime, l'orgueilleux perfectionniste, qui n'abdique pas, va se vautrer dans l'anti-sublime. La dépravation sera en creux, à la mesure même de l'élévation impossible. Elle sera altière et absolue, mais par le bas. Telle est la complicité qui lie « Céline-Semmelweis » à « Céline-Bardamu ».

Le *Voyage* se balance entre deux pôles extrêmes, opposés et pourtant solidaires. Son narrateur est l'exilé total, définitif. Il n'est plus du monde des idéalistes, car très tôt il a connu dans la *« fricassée boueuse des héroïsmes »* (*V*,52) *« sur la terre un homme bâti comme vous et moi, mais bien plus charognard que les crocodiles et les requins qui passent entre deux eaux la gueule ouverte autour des bateaux d'ordures et de viandes pourries qu'on va leur déverser au large, à la Havane »* (27). Horrifié, Bardamu découvre l'animal humain hypocritement tapi derrière les mirages du « bobard » idéalisant. D'où un plongeon dans la dépravation exemplaire, comme si Bardamu, en confessant toutes les ignominies qu'il trouve en lui et chez les autres, voulait s'en faire le bouc-émissaire unique.

Bardamu ne participe pas au monde dans lequel il se laisse sombrer. S'il s'avilit, c'est avec un désir d'absolu, une frénésie d'auto-punition qui rapprochent sa démarche d'une ascèse mystique à rebours. Toutefois, c'est avec un dépit, une rancœur, une soif de vengeance, qu'il recherche, sans conviction, le fond de la nuit, refusant à sa « politique » toute valeur sotériologique. Bardamu est un exilé des deux bords, un idéaliste qui a été mis à sac par Céline. Son psychisme est un éternel jeu de bascule entre deux irréconciliables, sans qu'il puisse jamais trouver l'équilibre.

3) FERDINAND ET LA PROFANATION DE SOI

Ferdinand, la deuxième projection de Céline, diffère sensiblement de Bardamu, dont elle dérive pourtant par filiation directe. Ce Je monstrueux, clownesque et de composition cabotine, appelle la provocation comme par routine. Il s'écoute bien plus qu'il ne se cherche. Le personnage est « arrivé », stéréotypé. Les critiques de 1936 réservent à *Mort à crédit* un accueil très mitigé : *Le Peuple, Candide, Les Nouvelles littéraires* [33], reprochent unanimement à l'auteur, non sans une certaine vindicte, « *sa continuelle recherche du scandale* » [33], son parti pris de scatologie, sa monomanie de l'ignoble : Le héros se raconte [24].

Ferdinand occupe visiblement un rôle différent dans le panthéon des avatars céliniens : provoquer, choquer, se mettre en scène, telles sont ses intentions premières. Ferdinand est devenu l'instrument de la légende que Céline veut imposer. Plus encore, il incarne ouvertement l'entreprise de dégradation de soi poursuivie par l'écrivain, dans ses interventions publiques, ses articles, ses pamphlets. Bien sûr, l'exagération, la bouffonnerie, les digressions de l'écrivain prouvent qu'il reste conscient de son délire : il en rit, il en fait une dramatisation parodique. Le rire, par lequel Céline triomphe de son rôle et s'en distancie, ménage une grande ambiguïté, compensant tout ce qu'il y a de morbide et d'asphyxiant chez le personnage central. Mais il n'en reste pas moins vrai que le récit s'oriente vers un délire obsessionnel. Tel un homme pris de boisson, qui se verrait lucidement zigzaguer, Ferdinand dépeint sur des centaines de pages, ses éléphants roses de mythomane à demi-abusé.

Les procédés de Céline pour ériger Ferdinand en « Saligaud » majusculaire sont facilement identifiables : scatologie, couplets d'injures, agressions permanentes, dévalorisation sexuelle. La fréquence des scènes de provocation pornographique est telle que le roman dut subir la censure de l'éditeur et fut l'objet de reproches indignés. Plus tard, Milton Hindus, voyant dans *Mort à crédit* la préfiguration timide des pamphlets, dénoncera à son tour la recherche factice du scandale, le truquage provocateur auquel Céline s'est livré en réinventant sa biographie :

Mort à crédit est déjà un peu fabriqué ; [Céline] s'y peint un peu plus mauvais et un peu plus bête qu'il est réellement. Il y a des passages [...] qui sonnent faux. Les suivants, *Mea Culpa*, *Bagatelles pour un massacre*, *L'École des cadavres*, *Les Beaux draps*, et jusqu'à certains passages de *Guignol's Band* qui rappellent le *Voyage*, ont tous été encore plus délibérément truqués et présentent un caractère artificiel, bestial et nazi de Ferdinand. Dans le *Voyage*, après tout, le lecteur délicat devine, sous les apparences, la sensibilité ou la moralité de Ferdinand. [...] Mais Céline, doutant de l'effet de son portrait véritable et s'imaginant que les gens n'aimaient en lui que la sexualité, les fanfaronnades, la lâcheté, « en a remis » pour les contenter. Il a dissimulé assidûment et avec succès le meilleur de lui-même. Il a exploité, exhibé, affiché le pire. (p. 47 [7])

Pris à sa propre fiction, zombi de Ferdinand, Céline deviendra peu à peu Ferdinand.

À partir de *Mort à crédit*, par le truchement de ses projections imaginaires, l'écrivain-acteur participe joyeusement à sa mise à l'index. Quelques années plus tard, il en jubile encore :

Mort à crédit fut accueilli, qu'on s'en souvienne, par un de ces tirs de barrage comme on n'avait pas souvent vu d'intensité, de hargne et de fiel. Tout le fin fond de la critique au sacré complet, calotins, maçons, youtrons, rombiers et rombières, binoteux, chuchoteux, athlètes, gratte-culs, toute la légion toute là debout hagarde, déconnante d'écume ! L'hallali ! (*GB1*, Préface)

Céline fignolera son personnage avec minutie, l'illustrant par une infinité de petits détails biographiques vrais : ses métiers précis, du commerce à la médecine, son enfance au « Passage », son apprentissage chez les bijoutiers Wagner et son séjour chez « l'inventeur-journaliste » Henry de Graffigny.

Tous ces détails feront passer Ferdinand pour un Céline plus vrai que nature. Or, la biographie n'est qu'un thème-prétexte à l'affabulation autodestructice.

Le rejet de soi, plus prononcé et décisif que dans le *Voyage*, occupe une place de choix dans ce propre éloge à rebours. Céline échouera dans son transfert sur Auguste et Clémence, les accusant vainement d'être la source de sa culpabilité et de sa honte. Par son attitude, il se posera d'emblée comme le Seul, l'Unique Monstre à la fois ignoble et innocent.

Après Bardamu, Ferdinand a considérablement évolué, le conflit posé dans le *Voyage*, s'il n'est pas réglé, a pris du moins une direction affirmée. Céline érige Ferdinand en véritable figure mythologique. Ancré dans la réprobation universelle, il est le paria, l'« insolite » aux mille et un vices, le sacrifié en même temps que le réceptable de tous les vices :

[...] je baise trop, j'ai pas la bonne réputation... Depuis quinze ans, dans la Zone, qu'ils me regardent et qu'ils me voient me défendre, les plus résidus tartignolles, ils ont pris toutes les libertés, ils ont pour moi tous les mépris. Encore heureux de ne pas être viré. (*MC*,506)

[...] elle me trouverait toujours ma mère, un enfant dépourvu d'entrailles, un monstre égoïste, capricieux, une petite brute écervelée... Ils auraient beau tenter... beau faire, c'était vraiment sans recours... Sur mes funestes dispositions, incarnées, incorrigibles, rien à chiquer... (763)

Malgré la double ambiguïté de l'antiphrase et de la parodie, l'obsession est présente : Ferdinand se voit pourvu de talents infaillibles, presque magiques, pour déclencher le malheur... Quoi qu'il tente, il causera la catastrophe et sera donc coupable dans les faits. À son insu, le personnage est sacralisé au rang de grand responsable universel, de Bouc Émis-

75

saire exemplaire : « *J'avais pas une bribe, pas un brimborion d'honneur... Je purulais de partout ! Rebutant dénaturé ! J'avais ni tendresse ni avenir... J'étais sec comme trente-six mille triques ! J'étais le coriace débauché ! La substance de bouse... Un corbeau des sombres rancunes...* [...] *Le Devoir était accompli ! J'étais la croix sur la terre !* » (*MC*,766). Ferdinand est monstre et victime à la fois. Fauteur de trouble encanaillé, il est pourtant conforme à l'archétype de Job l'innocent, le seul Juste persécuté, éprouvé en raison même de son innocence et de son esprit de justice. Ferdinand ne manque pas de crier, à chaque catastrophe, qu'il n'y est pour rien. Pourtant, il échoue immanquablement sous l'effet d'un hasard malheureux, d'une conspiration collective, bref, du « mauvais œil » universel. Pour lui, « *ça* [*n'avance*] *pas d'être coupable ou innocent* » (638), puisque, dès qu'il arrive, le désastre éclate de toute façon. *Mort à crédit* illustre bien ce schème :

— entrée de Ferdinand chez Gorloge : faillite de la boutique et drame du Cakuya-Mouni ;

— arrivée au « Meanwell College » : chute progressive de la maison jusqu'au déchaînement final ;

— collaboration au " *Génitron* " : immédiatement, les calamités s'enchaînent, de l'explosion du dirigeable à l'anéantissement des locaux. Le désastre a toujours comme point de départ l'intrusion du héros dans la situation. Ferdinand prend peu à peu conscience de l'impossibilité de transgresser la loi : « *Je me rendais compte d'après l'expérience... que je valais rien du tout... J'avais des penchants désastreux... J'étais bien cloche et bien fainéant... Je méritais pas leur grande bonté... les terribles sacrifices... Je me sentais là tout indigne, tout purulent, tout véreux...* » (777). L'archétype de Job sur son fumier transparaît visiblement. Ce thème, déjà sous-jacent à la thèse de Semmelweis, implique la déduction très célinienne que si Job (ou Semmelweis) a été jeté sur un tas de fumier, c'est parce qu'il était le seul juste de son époque. En foi de quoi, Céline, entassant ordure sur ordure, a mijoté, programmé, et finalement construit son tas de fumier comme étant le socle naturel de sa propre statue, et cela, derrière Bardamu, puis confondu avec Ferdinand.

Bardamu révélait un conflit profond, mais en présence duquel l'écrivain se trouvait divisé : à bord de l'*Amiral Bragueton*, l'anti-héros est le seul passager payant, victime d'une cabale collective que lui montent les « *diaboliques passagers* » (*V*,114), émoustillés par la « *fièvre ignoble des Tropiques* » (113). Un pogrom sacré s'organise. Bardamu doit payer, c'est à lui d'expier le crime. Quel crime ? De quelle nature ? Personne ne le sait, ni lui, ni ses persécuteurs : « *Quand je lui demandais pourquoi, il n'en savait rien et il me demandait à son tour ce que j'avais bien pu faire pour en arriver là. Nous en demeurions à ce doute. Ça pouvait durer longtemps. J'avais une sale gueule, voilà tout.* » (116). Plus Bardamu s'efface et tente de se faire oublier, plus il fuit l'« esclandre », plus on trouve sa conduite inqualifiable. Cet épisode imaginaire apparaît déjà comme une page mythologique où s'exprime l'automessianisme célinien, le mythe du Bouc-Émissaire, de la conjuration du mal, du sacrifice du « Juste ».

Mais le thème évolue sensiblement, du *Voyage* à *Mort à crédit*, où l'écrivain montre la culpabilisation progressive de Ferdinand et libère un sentiment de persécution croissant. Ferdinand doit mériter cette culpabilité qui sera bien entendu exemplaire ; d'où la provocation qui en « rajoute ». Le personnage s'est installé dans son rôle de bouc émissaire puant, mal torché, à l'étroit dans son complet, etc. Depuis sa naissance, tout corrobore « [*s*]*es funestes dispositions, incarnées, incorrigibles* » (*MC*,763). Mais son encanaillement ne sera pas banal et médiocre. Plus vertigineuse sera la chute, plus ignoble le pécheur, plus héroïque sera son sacrifice.

Céline, à cette époque, multiplie les interventions agressives et les provocations publiques, comme s'il cherchait à réitérer, mais cette fois sur des fondements bien réels, la situation de l'*Amiral Bragueton*. Cet épisode du *Voyage*, à valeur de psychodrame, est la métaphore exacte de son destin de condamné politique et d'exclu des littératures. Plus encore, il existe dans le *Voyage* et *Mort à crédit* de véritables éclairs prophétiques : « *"Cet enfant fera votre malheur !..."* » (*MC*,674). La bohémienne de Folkestone, Courtial en furie lyrique, lancent tour à tour leurs prédictions de malheur : « *O tu es funèbre Ferdinand ! sans en avoir l'air ! Tes eaux sont troubles ! Que de monstres Ferdinand ! dans les replis de ton âme !* » (862). Nous relèverons même, dans les premiers romans de Céline, des témoignages de voyance pure :

Puis l'idée fit son chemin que je devais fuir la France devant les conséquences de certains forfaits parmi les plus graves. (*V*,113)

Espion, suspect, on trouva mille raisons pour me toiser de travers [...]. [...] Mon signalement devait être devenu précis, instantané dans leur esprit, comme celui du criminel célèbre qu'on publie dans les journaux.   (114)

En 1932, Céline prédit qu'il sera pourchassé, persécuté. À Jeanne Carayon, sa secrétaire, il avoue : « *Je suggère, j'incite, je titille.* » [34]. Deux ans plus tard, il écrit à Élie Faure : « *On me fusillera peut-être* » (HER,72). Ignorant, et pour cause, les inculpations de son procès à venir, Céline les devine pourtant, dès *Mort à crédit* : « *J'aime mieux raconter des histoires. J'en raconterai de telles qu'ils reviendront, exprès, pour me tuer, des quatre coins du monde. Alors ce sera fini et je serai bien content.* » (*MC*,502).

IV

LES PAMPHLETS, UN MANICHÉISME RATÉ

« Mais ce qu'ils écrivent là est encore beaucoup trop favorable. Je voudrais bien que quelqu'autre se décide à me couvrir de crachats. Cette modération relative est banale [...]. La foule est sadique et lâche et envieuse et destructrice. Il faut lui donner des sensations de sac et de pillage et d'écrabouillage, autrement elle ne marche pas. » [35]

L A texture gnostique des romans de Céline justifie, pour une bonne part, la fuite de leur auteur dans le délire antisémite. L'écrivain s'enferme dans une vision bouchée, qui, à l'opposé de celle des gnoses historiques, platoniciennes, dualistes, ne comporte aucune échappée vers le haut. La « nuit » célinienne ne conserve qu'un pessimisme existentiel, mais elle légitime une explication rendant ce marasme habitable.

La colère, voire l'hystérie antisémite possédant l'auteur du *Voyage* pendant les années précédant la seconde guerre mondiale, se colore, au premier abord, d'un certain optimisme : ayant localisé l'esprit mauvais, le virus cosmique, l'auteur surmonte, par une voie délirante, la contradiction angoissante de sa démystification radicale. Mais il tourne aussitôt la solution en non-sens. Sa mythologie anti-juive, réadaptée soigneusement à son monde intérieur, aboutit à une autre voie d'échec, qui lui permet de dénoncer le mal et de polariser sur lui, Destouches, toutes les haines, de se poser en victime d'une conjuration universelle, et de trouver à Ferdinand un successeur exemplaire : Louis-Ferdinand.

1) LE « DIEU BON » ET LE « DIEU MAUVAIS »

Ayant mis son énergie caustique à dissoudre les mythes historiques de son époque, Céline, avec la même fureur, a renchéri sur un mythe particulièrement vivace dans une certaine fraction politique de son temps et dans la classe sociale dont il est issu : l'antisémitisme. Cet anarchiste individualiste, dans ce cas précis, orchestrera la fable grégaire et fera chorus.

Traditionnellement, les juifs, ce peuple sacerdotal, inassimilé, par conséquent suspect, a tenu le rôle de grand responsable des épidémies, calamités, apparitions de comètes, etc. « *Le phantasme des juifs constitués en confrérie du mal avait surgi entre le IIe et le IVe siècle afin de protéger les chrétiens contre les séductions de la religion mère [...] Sept ou huit siècles plus tard, il servit en Europe occidentale à un terrible système démonologique.* » [36]. Au XIXe siècle, le mythe de la conspiration des « Sages de Sion » réapparaît, combinant les éléments médiévaux à des éléments modernes. Les attitudes de base ne changent pas, mais la prétendue conquête « judéo-bolchévique » est tirée de l'actualité directe. À la fin du XIXe siècle, et pendant l'entre-deux-guerres, la conjoncture économique (concentration des capitaux juifs), la défaite, d'abord française, puis allemande, donnent à ces mythes, de part et d'autre du Rhin, un fort regain de dynamisme.

Céline, nous l'avons vu, appartient à cette petite bourgeoisie besogneuse des temps de crise, qui reporta sur la collectivité juive la responsabilité des marasmes du monde moderne. Il a vécu en étroit contact avec ce « prolétariat en faux-col », hostile au parlementarisme, à la gauche « judéo-bolchévique », de Karl Marx à Léon Blum, au capitalisme financier. C'est justement cette classe revancharde et patriote, humiliée après Sedan, qui forma le noyau des troupes nationalistes au temps du Boulangisme et de l'Affaire Dreyfus. C'est dans cette catégorie de petits employés et boutiquiers que *L'Action française*, royaliste, antisémite, recruta. Depuis *La Libre parole* et *La France juive* de Drumont, jusqu'à *La Vieille France* d'Urbain Gohier, révélant vers 1920 les *Protocoles des Sages de Sion*, il existe en France un mouvement à la fois nationaliste et antisémite, particulièrement vivace dans le milieu social dont Céline est issu.

Tout laisse à penser que Céline fut un antisémite de longue date. Son parti pris transparaît dès 1916, à l'occasion de certaines remarques épistolaires échangées avec Simone Saintu (cf. pp. 251-2 [5]). Dans *L'Église*, le sentiment anti-juif occupe tout l'Acte III. Cependant, il faut attendre les pamphlets pour le voir exploser en véritable monomanie. Céline crut-il entièrement à ses délires ? Comme le fait remarquer André Gide, il existe une part de jeu, une énormité d'expression laissant à penser que l'auteur, une fois de plus, s'amusait à « *jouer au martyre, au plagié* », « *et si ce n'était pas une plaisanterie, il serait lui, Céline, complètement maboul* » [37]. Dans *Bagatelles pour un massacre*, l'auteur prend constamment un ton parodique, outrancier, qui révèle une certaine distance prise à l'égard de ses discours : « *Mais tu délires, Ferdinand !... Nom de Dieu t'es saoul !... T'es noir à rouler, ma parole, t'es qu'un sale buveur "habituel"... Mais je vais te faire interner ! Je te jure ! [...] T'iras là-bas médire des juifs [...] dans un joli cabanon, je te ferai faire une camisole exactement sur mesure.* » (*BM*,224). L'exagération démente de certaines pages incita Gide à minimiser la portée, bien réelle pourtant, de *Bagatelles pour un massacre*. Éludant la question, l'auteur de *L'Immoraliste* présente les pamphlets comme une bonne farce, un délire aussi peu réel que les asticots de *Mort à crédit*. Telle est aussi la version de Pol Vandromme dans son article « L'Esprit des pamphlets » (HER,417). Enfin, tel est l'un des arguments des défenseurs de Céline, lors de son procès de réhabilitation.

Toutefois, mise à part l'exagération bouffonne, la phobie du juif s'est cristallisée, amplifiée jusqu'à devenir le thème obsessionnel de son œuvre. Céline espérait-il, sous l'occupation, jouer un rôle politique ? Choisit-il le racisme par opportunisme ? Par conviction ? Pour miser sur un cheval dont il prévoyait déjà en 1940, selon L. Rebatet, l'échec sur la ligne d'arrivée ? Les thèses abondent et se contredisent.

Il existe toujours, chez Céline, la tentation égocentrique de transposer ses expériences en modèle. L'auteur, comme il le fait souvent, a tiré des lois universelles de quelques aventures personnelles : Départ forcé de la S.D.N. causé par un refroidissement de ses relations avec son supérieur Rajchman. Lutte ouverte avec le juif lithuanien Ichok au dispensaire de Clichy. Sous les pressions de la municipalité communiste, Céline voit son emploi remis en cause. Mariage d'Elizabeth Craig avec un juif américain. Refus par un directeur de théâtre juif d'un script de ballet. Il semble que ce dernier échec ait particulièrement mis en rage Céline qui s'y réfère, avec force apostrophes, dans *Bagatelles pour un massacre* :

Gutman est revenu de l'Exposition [...] la tête horriblement basse... [...]. C'est encore plus juif, Ferdinand que je l'avais imaginé ! [...] Je l'aurais désarticulé ; je lui aurais retourné les yeux (globuleux juifs) [...] Tu veux savoir l'effet que tu me causes ? Tu veux savoir ? dis, vampire ? Tu vas voir ce que c'est qu'un poème rentré ! Tu vas m'en dire des garces nouvelles ! Ah ! Tu vas voir

l'antisémitisme ! Tu vas voir la révolte !... Le réveil des indi-
gènes !...   (*BM*,33-4)

Plus tard, Céline tentera une explication plus cohérente,
alléguant sa haine du capitalisme juif, ses expériences à la
Société des Nations et la politique de la gauche à Clichy.
Mais son leitmotiv reste ses convictions pacifiques : « *J'ai*
protesté contre l'action de certains clans sémites qui [...]
poussaient à la guerre. » [38].
     Tous ces prétextes alimentèrent l'antisémitisme célinien.
Toutefois, nous retiendrons en premier lieu la thèse de
Sartre dans *Réflexions sur la question juive,* qui rattache
cette attitude à un manichéisme fabulant. Le fondement psychologique de cet antisémitisme est à rapprocher du mode
de penser des tribus archaïques attribuant tout ce qui ne
va pas à l'esprit malin localisé en une personne, une plante,
un objet ; et qui transfère le mal sur un unique tabou, ne
cherchant ni à l'analyser, ni à le combattre, mais à l'exorciser par un rituel sacrificiel.
     Céline a tenté de dénouer son drame en ayant recours à
l'imprécation verbale magique. Il s'est trouvé un monstre
responsable du capitalisme, du communisme, des guerres, du
matérialisme dégénérescent ; un *Deus ex machina* expliquant
le mal omniprésent qui hante sa vision. En ce sens, le délire
anti-juif de l'auteur occupa une place inévitable dans l'économie de son œuvre, et l'on peut dire que les éructations de
1938 sont la suite logique de la nuit gnostique du *Voyage.*

2) L'ANTISÉMITISME CÉLINOMANE,
UN MONISME NOIR, UN MYTHE SANS ISSUE

Les pamphlets, dans leur logique profonde, leur « célinomanie », s'écartent pourtant des théories de *Mein Kampf* et
de Rosenberg, et, à plus forte raison, du nationalisme intégral

des théoriciens de *L'Action française* [39]. Bien qu'il ait hurlé avec les loups, Céline ne fut pas un doctrinaire. Ses thèses le mettent à part, une fois de plus.

La plupart des critiques, à commencer par M. Vanino et H. Kaminski, abordent les pamphlets dans la perspective d'une dénonciation idéologique et morale et se contentent de souligner avec indignation les éléments qui apparentent Céline au fascisme nazi. Certes, tous les poncifs du mythe de « la Conspiration de Sion » repris par Hitler, apparaissent dans les écrits polémiques de l'auteur. À la suite des *Protocoles* ils présentent le communisme comme l'œuvre des juifs, affirment que l'activité révolutionnaire est payée par les fonds israélites de Wall Street. L'incompatibilité bolchévisme/capitalisme étant abolie, ils inculpent, selon le même raisonnement précaire, juifs et maçons confondus d'avoir enfanté la philosophie des lumières, le libéralisme économique, la Haute Finance, etc. :

Mon premier possède toutes les richesses du monde.
Mon second fournit tous les cadres de la révolution.
Mon troisième est un banquier richissime qui subventionne
    toutes les révolutions.
Mon tout est un juif.   (*BM*,205)

Retrouvant l'image populaire du prêteur sur gages au nez crochu, aux doigts en forme de pinces, du Shylock avide d'arracher sa livre de chair humaine, Céline fait du sémite le symbole de l'usure. Le « *Titus Van Claben* » de *Guignol's Band*, « *maudit usurier youtre fini* » (*GB1*,185), la « *petite Esther Loyola* » de *Nord*, poussée par les milliards d'« *Hollywoad* » (*N*,502), les croupiers du casino de Baden-Baden (306), représenteront la même hideur du culte du Veau d'Or.

Tantôt le juif représente l'ennemi du patron, de l'usurier. Il devient alors le bolchevick organisateur de pillages, ou plus exactement la horde « afro-asiate », « judéo-mongole », déferlant sur l'Europe qu'elle réduit en cendres :

Aux premières triomphales clameurs saluant « l'affranchissement des masses », les voilà qu'eux aussi tressaillent, s'ébranlent et foncent en trombe sur la France, de partout. Ils frémissent déjà, sachez-le, dans les transes, là bas... aux moindres rumeurs. Au signal que la « Bête est morte » ! [...] Ils jaillisent de Silésie... des tréfonds Bessarabiens... des bords de la Chine, des bourbiers d'Ukraine... des Insulindes, de tous les égouts d'Amérique [...] Ça sera une telle bousculade, une ruée tellement farouche vers tous les nougats que ça sera des « écrasements de terre » dans les frontières où ils passeront. Ils chargeront si dense, si épais, entre Dunkerque et la Côte d'Azur, qu'on verra plus ni chemins ni routes. *(BM,59)*

Céline retrouve également le bestiaire habituel du serpent lové autour du globe, de la charge des mille corbeaux d'enfer, de la prolifération des vermines, etc. Mais ces fantasmes collectifs ne représentent chez lui qu'un thème prétexte, le point de départ d'un délire personnel qui emprunte son vocabulaire à l'antisémitisme, mais le dépasse de très loin. Plusieurs caractéristiques distinguent les pamphlets : leur surenchère, à la fois démentielle et parodique, leur défaitisme total, enfin leur concept d'« enjuivement universel », aboutissant au schème célinien d'un Louis-Ferdinand solitaire — l'Unique — contre l'humanité déliquescente, sémite ou sémitisée. *Bagatelles pour un massacre* et sa suite sont l'expression vociférante d'un combat sans espoir contre l'Antéchrist et ses légions : « *L'enfer possède tous les trucs* » *(ÉC,39)*. Par leur gigantisme épique, ils se différencient des autres écrits, tels ceux de Drumont ou des publicistes de *La Gerbe*, du *Pilori*, de *L'Émancipation nationale*. D'autre part, Céline inaugure un grotesque pandemonium. Il tient le juif responsable des calamités présentes, passées, et futures ; des maux les plus inattendus : l'abrutissement par la publicité, la propagande idéologique, l'alcoolisme, le « *conformisme styliforme* » (*BM*,124-5), le sabotage de l'Électricité de France et des P. et T., la colonisation interne du Vatican, du Komintern, de Lisieux ! liste hétéroclite dont M. Vanino a fait un chapitre de son livre sous-titré « Pour bien rigoler ».

Céline attaque les croisières, les croisades, Radeck, Victor Serge, Poincaré, Ch. Chaplin, Léon Blum, Gide, Millerand, la Chambre des Lords (entièrement juive), Montaigne, Einstein, Maupassant, la duchesse de Windsor, le Négus, Wall Street, Bergson, la SDN, Edouard Hasley, Lévitan, Stendhal, les Russes, Proust, la Cité de Londres, Maurois, les fabriquants d'alcool, les pédérastes, Madame Curie, les fonctionnaires, la Comédie Française, le Vice-Roi des Indes, Paris-Soir, Paramount.   (p. 31 [40])

Au terme de cette accumulation ludique de griefs, tenant du procès de sorcellerie et du canular, Céline suspecte l'humanité entière d'un même enjuivement, à la fois rédhibitoire et dérisoire. En ce sens, il n'est guère possible d'assimiler la surenchère obsessionnelle et le défaitisme de l'écrivain, aux mythologies racistes, au manichéisme bien tranché, où domine l'espoir d'une résurrection, fût-ce au prix de moyens ignobles : « *Nous sommes engagés dans un combat du même genre que celui qui fut entrepris au siècle dernier par Pasteur et par Kock. [...] nous ne retrouverons la santé qu'en éliminant le juif.* » [41]. Alors que le nazisme exalte la race des surhommes, Céline ne voit qu'un ramassis d'esclaves veules et consentants. Il montre un troupeau de « *cons d'aryens abrutis, cocus, ruinés, fanatisés par ces merdes* » (*BM*,158) assommé de propagande et complices de leurs ennemis. Aucun espoir dans ces masses « *négrifiées* » (137), « *victimes heureuses [...] transies et reconnaissantes* » (99).

L'antagonisme des ténèbres et de la lumière des autres mythologies n'existe plus chez Céline. Juifs et aryens participent au même cloaque : « *Maîtres et valets s'en vont en gangrène, conjointement, les uns dans les autres, en fange, en mélasse, sans qu'une seule fibre plus ne réagisse. Trahis et traîtres, charognes de même, amalgamés, confondus.* » (*ÉC*,33). D'un côté la « *charognerie abracadabrante* » (*BM*,52) que sont devenus les aryens ; de l'autre des « *vermiculaires persuasifs, enlaçants, envahissants* » (132). « *Enjuivants* » (128) contre enjuivés, vermine contre larve, telle est la version célinienne des croisades antisémites. Nulle progression dans ces pamphlets qui se bornent à empiler injures et vociférations à l'égard de tout.

Bagatelles pour un massacre et *L'École des cadavres* éclatent dans leurs propres contradictions. Leur mythologie, expression d'une chute sans contrepartie, ne repose sur rien, pas même sur le juif qu'elle finit par évacuer dans le même sac à excréments que l'aryen, le noir, l'asiate. Dès cette époque, l'écrivain énonce le terme *juif* pour accrocher des constructions mentales paranoïaques à un prétexte concret qui, lui-même, finit par s'évanouir. Dans les capitales d'Asie et du Proche-Orient, il imagine des colloques secrets, des pactes obscurs, des franc-maçonneries complotantes aussi sournoises que la « coterie holbachique » de Rousseau juge de Jean-Jacques : « *Ils tissent leurs trames dans l'ombre.* » (*BM*,47). « *Entre les trames de toutes les calamités* » (92) surgit la même coalition maléfique des forces juives, « *l'énorme armement de cette cosmique permanente apocalypse* » (92). Cette hantise du complot planétaire est révélatrice d'un sentiment de persécution croissant chez Céline. De même que Bardamu et Ferdinand vivaient une situation obsidionale, l'Europe, la France, se trouvent coincées dans un étau par une puissance occulte invincible. L'obsession passe de l'individu à l'universel.

Les pamphlets représentent la première étape d'une vaticination, d'un délire, où Ferdinand, grand Sage parmi un monde insensé, déchaînera ses anathèmes sur l'Europe vouée à l'anéantissement. Les événements de la seconde guerre mondiale ayant confirmé ses prédictions catastrophiques, sans que les juifs y fussent pour rien, Céline reconnaîtra s'être trompé : « *À propos des insultes dont il accablait les juifs il y a dix ans,* [Céline] *répète cent fois : j'étais stupide, stupide et j'avais tort !* » (p. 43[7]).

3) PERSÉCUTEUR ET PERSÉCUTÉ

Les pamphlets obéissent à de curieuses impulsions masochistes, et cela quelles que soient les intentions apparentes de leur auteur. Leur logique interne est très significative à cet égard.

En attaquant le juif, Céline contribue à son propre anéantissement. Il se persécute... paradoxe qui semble difficilement acceptable, et pourtant, Arnold Mandel, israélite, l'a énoncé dans un article intitulé « D'un Céline juif » : « *Au regard de cette étonnante similitude de situation qui a tant rapproché l'aventure de Céline d'une significative condition juive, on peut se demander dans quelle mesure le virulent antisémitisme de Céline ne peut se rapporter à une impulsion autodestructrice, ressembler précisément au douloureux antisémitisme de certains Juifs.* » (HER,387). Les héros céliniens, l'auteur lui-même, sont des personnages sémitiques. Bardamu, homme de nulle part, fuit et se fuit de continent en continent ; il subit toujours l'état de siège, la ségrégation, voire le pogrom. Sur le petit Ferdinand s'acharnent toutes les malédictions familiales. Le « bleu » de *Casse-pipe* attire sur lui les « ramponneaux » de l'escadron. Il suffit qu'un héros célinien se montre pour qu'immédiatement un complot se trame contre lui. Angoissés, chiens battus, ces êtres ont un destin étrangement apparenté à celui des juifs porteurs de l'étoile jaune. « *Pour l'américain en moi, optimiste et rationnel* », écrit Milton Hindus, Céline « *était comme un homme d'un autre monde.* [...]. *Au juif* [...], *persécuté et massacré depuis des générations*, [...] *il était plus compréhensible* » (p. 18[7]). On peut se demander, dans ces conditions, si la haine de Céline n'a pas été d'autant plus véhémente que l'auteur attaquait, à travers le juif, une partie de lui-même. Essayant de toutes ses forces de s'en désolidariser, il s'en faisait alors le juge de mauvaise foi. C'est ainsi que l'on peut interpréter ce revirement, et même ce reniement de Bardamu : « *Tout de même, il faut en finir, il faut vraiment faire quelque chose ! Ça peut pas durer toujours, ces situations équivoques, ces gens qui ne sont nés nulle part...* » (*ÉC*,157).

Que Céline ait recherché cette exclusion, cette persécution, en publiant ses premiers pamphlets sous le Front Populaire, sachant qu'ils allaient lui attirer quantité de haines ; qu'il ait prédit, dès 1940 comme le prétend L. Rebatet, l'écroulement catastrophique du IIIe Reich, ou bien au contraire, qu'il ait même cherché à y jouer un rôle notoire, ne change rien quant au nihilisme interne de ses pamphlets. Plus encore, Céline reconnaît ouvertement l'inutilité de la « croisade » qu'il prêche : « *Ta croisade elle se présente pas bien ! [...] Tu vas te faire étendre, malheureux ! Tu sais pas bien où tu mets les doigts ! Tu connais pas le " mauvais café " ! Tu fais l'esprit fort ! Le fendard ! Tu vas te réveiller sur un marbre...* » (*BM*,44). Céline pressentait qu'on mettrait sa tête à prix. Par la bouche des « faire-valoir », Gutman, Popol et Gustin de *Bagatelles*, il prédit exactement le sort qui l'attend : « *Mon compte sera bon à moi personnellement, on me fera le coup de l'oubli total, de l'humiliation à* outrance, de l'étouffement, de la minimisation par tous les moyens en vigueur, de l'effacement, de la négation, de l'extraction si possible. » (54). Les vociférations de Céline dans *Bagatelles* et *L'École des cadavres* sont autant de défis. Tout se passe comme si l'auteur, poursuivant sa recherche de la provocation, s'était découvert un nouveau rôle haineux et cacographe, « *enfianté de préjugés raciaux puants* » (225). Dès *Mea culpa*, il laisse entendre ses projets : « *Il me manque quelques haines, je suis sûr qu'elles existent.* » (*Mea*, épigraphe). Dans *Bagatelles*, l'auteur établit l'échelle de ses menus défauts : « *Ta presse est détestable... Tu es vénal... perfide... faux, puant, retors, vulgaire, sourd et médisant... Maintenant antisémite c'est complet !* » (*BM*,15). « *Peut-être* », écrit Kaminski, « *Céline aime-t-il au fond avoir honte et se réjouit-il des douleurs qu'il ressent tout en les infligeant aux autres. Le torturé devient ainsi tortionnaire puisqu'à tort ou à raison il croit être persécuté par quelques médecins, quelques compositeurs, quelques critiques juifs. Il leur substitue une communauté imaginaire et s'attaque à tous les juifs dans l'espoir d'être persécuté davantage.* » (p. 12 [40]).

L'antisémitisme des pamphlets fera porter à son auteur l'étoile jaune. Pestiféré dans son ghetto danois, Céline sera rejeté par tous, comme un judas, menacé d'exil et de mort. Il sera devenu juif. Après avoir réalisé le tour de force de se faire accueillir à la fois par la droite et la gauche, *La Pravda* et *L'Action française*, d'inspirer Trotsky et Léon Daudet, Céline, après bien des efforts, sera parvenu au rejet quasi unanime.

Céline a-t-il tenté de sortir de sa propre nuit en écrivant les pamphlets ? Dans ce cas, sa tentative pour surmonter le nihilisme par un ersatz mystique fut un échec. On peut considérer les écrits antisémites des années Trente-huit et suivantes comme autant de vaines tentatives pour fuir l'impossible nasse. Mais s'ils ne dénouent pas le drame intérieur de l'écrivain, *Bagatelles, L'École des cadavres, Les Beaux draps* permettront néanmoins à Céline de reprendre sa grande représentation égotiste en imitation de Semmelweis. De l'imaginaire romanesque, il sera brutalement jeté dans le vécu, de l'*Amiral Bragueton* onirique à la prison danoise bien concrète. La fiction célinienne aura alors rejoint et dépassé la réalité.

UN MILLÉNARISME DE LA FOUTAISE

> « — *Tu* prognostiques !
> — *Nostradamus... tu l'as dit ! mais lui*
> *c'était en sibyllin, flou, allégorique*
> [...] »   (*R*,729)

1) LE SECOND VOYAGE DE « BARDAMU-CÉLINE »

A PRÈS l'échec des pamphlets, Céline réitère ce qui est advenu à Nietzsche : il se prend à « incarner », à jouer un rôle d'envoyé messianique volontairement minable et clownesque, manifestation d'une inflation du Moi doublée d'un délire de persécution croissant. Dans *Bagatelles* et *L'École des cadavres*, Céline avait déjà endossé l'habit du prophète sacré, parti en combat contre l'antéchrist. Dans ses écrits postérieurs, il annexe définitivement le mythe sotérique, à sa manière parodique et délirante, c'est-à-dire dans toute la gamme de l'outrance, de la goguenardise et du non-sens. Ainsi, bien qu'il se distingue de l'antisémitisme « orthodoxe » par son nihilisme et ses théories défaitistes, Céline n'a pas échappé à la contradiction de la plupart des racistes doctrinaires, Hitler le premier, qui reprenaient les grands thèmes du messianisme hébreux et dénonçaient les juifs en termes d'apocalypse juive. Dès *Bagatelles*, il ne quitte plus ce mythe, il s'en fait le propagateur, plus encore, l'acteur unique, dans toutes les affres de la persécution réelle et toutes les simulations du « vécu sur scène ».

En 1944, l'auteur évolue dans un monde qui renvoie à celui de ses romans, prolongeant les fictions dont il avait brossé les fresques sombres et grotesques, quinze années auparavant. Céline l'errant, l'exilé, l'exclu, prend la relève de ses doubles vaincus et persécutés. C'était écrit depuis le *Voyage* :

Où nous étions, d'ailleurs, on ne pouvait plus reculer. Y avait pas à choisir. Leur sale justice avec des lois était partout, au coin de chaque couloir. (*V*,335)

Parvenus en plein au milieu des récifs, le moindre doute suffirait à présent pour nous faire chavirer tous. Tout irait alors craquer, se fendre, cogner, se fondre, s'étaler sur la berge [...]. Nous irions nous étaler là, parmi toutes nos ordures et nos sales pudeurs devant les curieux frémissants. Je n'étais pas fier. (327)

Seuls, les figurants de cette danse macabre˙ corrigée par Dubout (Robinson, la grand-mère, la bru assassine, Protiste) ont changé de peau : La Vigue, spécialiste du scénario christique, accompagne Céline, « Lili » et le chat Bébert.

Fidèle à Bardamu, Céline agit selon ses impératifs contradictoires coutumiers, soucieux d'agresser et de fuir tout à la fois. Il manie l'explosif antisémite, mais assure son avenir avec mille précautions et prudences dignes des Henrouille à la chasse aux cambrioleurs. Dans le même temps qu'il se compromet par l'injure et la provocation, il convertit ses droits d'auteur en lingots d'or qu'il fait enterrer dans le jardin d'une amie, ballerine à Copenhague, les banques suisses n'offrant pas à ses yeux de garanties suffisantes.

Jusqu'au bout, Céline, dans la lignée de ses personnages, combine le pragmatisme débrouillard au talent de détecter l'impasse et de s'y précipiter. Il choisit le centre du désastre : l'Allemagne, déjà prise en tenaille entre les armées alliées. En même temps, grâce à plusieurs « Ausweis » exceptionnels, il peut entreprendre, sous les bombes, l'équipée bardamuesque qui le mènera sain et sauf au Danemark. Au fil de ce voyage, tout se passe comme si les hantises de l'auteur trouvaient leur incarnation bien réelle : Ce maître de « *l'Opéra du déluge* » (*MC*,526) a trouvé sa partition, la débâcle, la fin d'un empire : « *Rien m'enivre comme les forts désastres, je me saoule facilement des malheurs, je les recherche pas positivement, mais ils m'arrivent comme des convives, qu'ont des sortes de droits...* » (*F1*,27). L'épisode de Sigmaringen dans *D'un château l'autre* montre bien le chassé-croisé hallucinant entre l'imaginaire et l'histoire. Chaque infime détail de cette colonie française où Céline exerça les fonctions de médecin de novembre 1944 à mars 1945, reproduit, dans la réalité, une obsession de *Voyage au bout de la nuit* :

— une société de l'illusion et du trompe-l'œil, prête à disparaître après s'être agitée en vain. Comme en Bambola Bragamance, les membres de la petite colonie française sont déjà des fantômes ; rien n'y mène nulle part ;

— un monde conçu en tant que piège et l'hostilité cosmique dirigée contre celui ou ceux qui vont payer pour tous ;

— l'obsession de la débâcle et de la foutaise universelle :

[...] la réalité c'était les épouvantés de Strasbourg, les archi-réservistes *Landsturm*, les fuyards de l'armée Vlasoff, les refoulés bombifiés de Berlin, [...] les « travailleurs libres » de partout, arrivages sur arrivages [...] tout ça venait camper dans les trous, fossés du Château... aussi sur les berges du Danube... plus tous les épouvantés de France, Toulouse, Carcassonne, Bois-Colombes, pourchassés par les maquis [...]... tout ça par tribus, avec enfants tous les âges, énormes bardas, batteries de vaisselle, morceaux de fourneaux, et rien à bouffer... *(CA,247)*

Même le délire scatologique a pris consistance : « *Le dégou-linage de la merde, et pas au sens figuré, sur les pitances de choux rouges, qui semblerait un trait de hantise célinienne, j'y ai assisté dix fois dans les auberges débordantes prises d'assaut.* » [42] ;

— enfin, par-delà les visions de ruine et de mort, plane un cataclysme terrifiant.

La suite du voyage allemand de Louis-Ferdinand précise, concrétise cette apocalypse, dans un monde ravagé de cauchemar et de jugement dernier : quartiers soufflés par les bombes, cadavres englués, collés les uns aux autres dans le bitume, villes pulvérisées. Plusieurs semaines, le « Petit groupe » de « *nous quatre dans le noir* » (*V*,335) erre parmi ce cataclysme jusqu'à l'arrivée à Copenhague, le 27 mars 1945, halte de quelques mois précédant la descente dans les derniers cercles de l'« *Inferno* » : les cercles du froid, la prison, l'exil...« *Donc, plus moyen de fuir* » (119) disait déjà Bardamu. L'arrestation par les militaires de l'*Amiral Bragueton* avait échoué. Vingt ans plus tard, elle réussit. Céline a réalisé ses hantises : pendant quinze mois, il est écroué au « Vesterfangsel » et sa tête est mise à prix. Même Bardamu n'était pas allé si loin au bout de la nuit : « *Tomber plus bas qu'en réclusion c'est difficile ! En plus de l'exil ! Gâté l'enfant ! [...] Ruiné, si détesté partout, con perclus que c'en est une merveille que je bêle encore...* » (*F1*,29). Hormis quelques rares admirateurs et amis, les contemporains de Céline le détestent, le rejettent. On ne parle plus de ses romans, on semble même l'avoir rayé de la carte des vivants. Le 21 février 1950, celui que la société a craché « par-dessus bord » comme un traître, celui que le monde littéraire tient à distance comme un pestiféré, est condamné, par contumace, « *à la peine d'une année d'emprissonnement et cinquante francs d'amende, ainsi qu'à la confiscation de ses biens présents et à venir à concurrence de la moitié* » [43]. Un an plus tard, Céline est amnistié, le débordement de sa fureur et la véhémence de ses invectives ayant déchaîné l'hilarité des jurés et de l'accusateur [44]. Il s'installe à Meudon. Toutefois, la quarantaine, la même que celle de Semmelweis, mais provoquée cette fois, n'est pas levée pour autant. Une houle mauvaise entoure son nom. Des placards injurieux sont collés à sa porte. La « conspiration du silence » entoure son œuvre et lui pèse plus encore que l'hostilité. Malgré la remontée de *D'un château l'autre* et de *Nord*, Céline a trop bien réussi son acte bardamesque pour que son personnage le lâche une fois la pièce finie :

Tout est question de gueule. La mienne revient pas. Faut s'y faire. Tenez, par exemple, l'autre jour, je me suis arrêté dans un bistrot, un établissement bien modeste [...]. Le tôlier s'est avancé vers moi, il m'a pris doucement par le bras en me priant de sortir. Il m'a reconduit jusqu'à la porte... « Non, pas ici », qu'il disait. Je quêtais pourtant pas, je faisais pas de bruit, j'avais une chemise, un pantalon sans trous... Les malédictions, c'est [pas] une légende, c'est pas imaginaire et superstitieux, c'est de toujours et pour toujours, c'est physique : on porte ça dans la peau, ça s'observe, comme la lèpre ou le scorbut. [45]

2) CÉLINE, CLOWN MESSIANIQUE D'UNE APOCALYPSE DU NON-LIEU

Le drame que vécut l'auteur, son odyssée allemande, son incarcération, son exil, vont influencer considérablement la fin de son œuvre. Constamment, Céline se réfère à ces événements dont il fera le canevas de ses cinq derniers romans, composés depuis son emprisonnement jusqu'à sa mort. Après la réception très négative des Féeries, l'écrivain montera sur scène une dernière fois, il organisera ses souvenirs d'exilé, de témoin privilégié, en une sorte de « mystère » apocalyptique et rigolard convergeant autour de l'unique prophète : Louis-Ferdinand.

Il est admis que D'un château l'autre, Nord, Rigodon, ne sont pas des chroniques — même romancées — faites par un nouveau Joinville jeté par hasard dans la débâcle. La confrontation des « données de l'expérience »[46] et du texte célinien a montré comment l'auteur, sous l'alibi de sa mémoire de faux trépané, arrange les faits, les dates, quand il n'affabule pas sur des épisodes entiers[47]. Mais, au-delà du grand-guignol autobiographique, on remarque une organisation progressive et dramatique du récit en un mythe original—véritable sotériologie de Louis-Ferdinand. Ce mythe représente l'apogée délirante de certains schèmes dont Céline nous avait déjà livré plusieurs variantes rationalisées, mais qui apparaissaient discrètement, en filigrane dans les écrits précédents.

Nous avons vu comment, sous prétexte d'une étude biographique, L.-F. Destouches s'identifie à un héros dont le destin de prophète sacrifié exerce sur lui un pouvoir de fascination. Les anti-héros qui prennent le relais de Semmelweis sont, à leur manière, autant d'avatars sotériques. Dans le Voyage et Mort à crédit, le récit s'organise selon un monstrueux autocentrisme autour d'un personnage singulier, marqué par une vocation au sacrifice, et qui devient rapidement le point de cible du monde environnant. Après les pamphlets, le mythe sotérique apparaît en pleine lumière et la transition se fait imperceptiblement de ces doubles messianiques que sont Bardamu et Ferdinand jusqu'à l'auteur lui-même qui prend leur succession.

Depuis la thèse sur Semmelweis jusqu'à *Rigodon*, le délégué célinien, de la fiction à l'auteur lui-même, est profondément sacralisé, que ce soit par le haut, le bas, ou les deux à la fois. Bardamu et Ferdinand sont marqués par le destin, choisis, « *Séparés d'entre les nations* » comme le juif *sacer*, leur ennemi intime, ils se situent « en dehors », mais aussi « au-delà ». Leur comportement est essentiellement mu par un complexe de séparation que symbolise fort bien l'épisode du « Meanwell College » de *Mort à crédit* où le jeune Ferdinand, porteur du « mauvais œil », s'isole et ne daigne même plus parler. Plus encore, il devient un fauteur de trouble et son entrée en pension déclenche progressivement une ruine apocalyptique apparentée à *La Chute de la maison Usher* d'Edgar Poe. Cette bizarrerie congénitale, ce potentiel d'énergie dangereuse, vouent immanquablement Bardamu et Ferdinand à l'holocauste : à bord de l'*Amiral Bragueton*, Bardamu rejoue le sacrifice du Messie sur le monde burlesque. Dans *Mort à crédit*, Ferdinand est menacé d'être englouti par les flots, anéanti par les éléments déchaînés, qu'ils soient naturels, humains, etc.

Choquants, particuliers, les doubles céliniens sont à la fois uniques, équivoques, et de fréquentation dangereuse : « *Tout t'est possible, Ferdinand ! Tout ! l'enveloppe seule est humaine ! Mais je vois le monstre !* » (MC,862). En ce sens, ils répondent bien aux caractéristiques du Sacré, dont Roger Caillois donne ces définitions : « *Sous sa forme élémentaire, le Sacré représente avant tout une énergie dangereuse, incompréhensible, malaisément maniable, éminemment efficace. Son ambiguïté première se résout en éléments antagonistes et complémentaires auxquels on rapporte respectivement les sentiments de respect et d'aversion, de désir et d'effroi qu'inspirait sa nature foncièrement équivoque.* » [48]. Bardamu et Ferdinand renferment cette polarité des absolus, ces prin-

cipes antagonistes du sublime et du démoniaque, du « pur »
et de « l'impur ». Toujours à l'apogée d'un extrême ou de
l'autre, très souvent, chez Bardamu, déchiré entre les deux,
ces personnages inquiétants et contradictoires ont pour point
commun le refus de la voie médiane. Leur nature est d'être
ballottés d'une outrance à l'autre, ou d'opter pour l'une
contre l'autre avec fanatisme.

On peut donc parler d'un « *sacer* célinien » autour duquel
le drame cosmique s'organise comme autour d'un centre
nerveux. Quoi qu'il fasse, le héros se retrouvera au centre
d'un éclatement, comme si un destin maléfique le poursuivait,
mais, plus encore, parce qu'il a le génie des exigences impossibles. Des phénomènes insolites se manifestent sitôt qu'il
entre en scène, c'est-à-dire dès qu'est introduit l'élément
extraordinaire dans la situation. Les épisodes d'inspiration
apocalyptique, où la nature, l'environnement déchaînés se
conjurent contre le personnage pour l'anéantir sont une
constante célinienne. Fauteur de carambouille, Ferdinand
se situe à l'épicentre de l'ouragan, de la grande pulvérisation
cosmique. Dans la scène du Bois de Boulogne, introduisant
Mort à crédit, la fièvre monte à une telle température qu'il
faut vingt-cinq mille agents, pas moins, pour déblayer la place
de la Concorde... Que Ferdinand s'embarque sur le *ferry-
boat*, la mer entre en furie, et c'est la pantagruélique scène
du mal de mer, où les eaux s'entrouvrent, les cieux crèvent,
les passagers rendent l'âme. Au cours de la saga Courtial des
Pereires, plusieurs orages de structure identique apparaissent : l'épisode des inventeurs, qui viennent balancer la
cloche à plongeur sur Ferdinand barricadé dans la cave, et
qui, enfoui sous les décombres, échappera de justesse à la
démence collective ; la prolifération des pommes de terre
telluriques, engendrant une nouvelle épidémie de vermine,
peste noire surgie du fond des âges, et qui menace de

ravager encore une fois la planète tout entière. Dans *Guignol's Band I*, le thème catastrophique resurgit avec la même constance : le héros, spectateur, sinon cause directe des perturbations, devient rapidement le point de convergence de la grande mêlée. Après la crise de nerfs de la Joconde, survient l'écroulement de la maison Titus Van Claben, l'incendie et la fuite effrénée de Ferdinand poursuivi par la meute des passants. Dans *Guignol's Band II*, l'intrusion de Ferdinand au *Touit-Touit club* fait dégénérer la danse en un saccage affreux. Quelques pages plus loin, il se fait entraîner dans les remous d'une horde déferlant sur Piccadilly Circus et menaçant de l'étouffer, lui et son collègue « le chinois ». Enfin, dans *D'un château l'autre, Nord, Rigodon*, l'apocalypse se déborde plus que jamais, non pas tellement contre Hitler vaincu et son pays, qu'à l'encontre de Louis-Ferdinand.

Du *sacer* célinien à Céline le *sacer*, la transition est ténue. Personnage aux extrêmes désaccordés, aux aspirations démesurées en même temps qu'aux banalisations profanatrices, Louis-Ferdinand est l'homme d'un geste stéréotypé qui a pour fonction de le singulariser, de le distinguer. Usant d'un même procédé : pour un nihilisme cynique et réducteur contre toutes les formes de sublimation, ces « *petits instincts habillés en grands mots* » (V,82) — ou, réciproquement, contre l'encanaillement matérialiste pour l'aspiration à « *l'admirable délire d'âme* » (201), Céline se donne toujours raison et s'érige en seul détenteur final de l'unique vérité contradictoire. Ce n'est pas un simple hasard si l'auteur se clame toujours innocent de tout : dans son optique particulière et discordante, la Divinité, la sienne, contenant à la fois le bien et le mal, reste toujours sacrée. A-t-il accumulé les provocations, l'écrivain n'en a cure et passe outre. Les réactions hostiles qu'il essuie sont perçues aussitôt comme malignité universelle, persécution de Céline, le prophète sauveur, qui récupère ainsi l'archétype à son profit. Mais ce prophète est irresponsable ; il incarne le plus fantaisiste, le plus arbitraire, le plus subjectiviste des *soters* : « *Je l'ouvre comme je veux, où je veux, ma grande gueule, quand je veux.* [...] *Qu'on se le dise. Je dois être, je crois bien, l'homme le moins achetable du monde. Orgueilleux comme trente six paons* [...]. *Voilà Ferdinand, au poil. Il faudra le tuer. Je ne vois pas d'autre moyen.* » (*ÉC*,223).

Le pamphlétaire Céline amplifie cette tactique à son maximum et scinde arbitrairement l'univers en deux camps : lui et sa vérité d'un côté ; tous les autres sans exception, juifs et enjuivés, de l'autre. Par ce stratagème, l'auteur demeurant plus que jamais le Seul, l'Unique, poursuit son auto-sanctification inconditionnelle. Quand Céline en aura fini avec ses pamphlets, il restera en décantation le schème qui les précédait : Louis-Ferdinand et le reste de l'humanité. L'écrivain s'installe dans une cosmogonie personnelle et non seulement joue son rôle d'auteur martyr face aux humains déchaînés contre lui, mais encore repense les vicissitudes de sa fuite, son exil et sa quarantaine à Meudon, en termes d'une lutte manichéenne entre lui, Céline, et les forces des Ténèbres, du chaos. Les événements autobiographiques servent de canevas au drame d'un sacrifice consenti, inévitable.

Un texte de R. Barjavel, cité au début de *Rigodon*, démonte le processus, exprimant sur le mode mineur un des grands leitmotive du mythe célinien d'après-guerre, celui de la « Passion selon saint Ferdinand ».

Il est tellement au-dessus de nous. Qu'il soit torturé et persécuté est normal. C'est affreux d'écrire cela quand on pense que c'est un homme vivant, mais en même temps, à cause de sa grandeur, on ne peut s'empêcher de le considérer en dehors du temps et des contingences qui l'écrasent. [...] Il ne trouvera la paix nulle part. Il sera persécuté jusqu'à la mort ; où qu'il aille. Et il le sait bien. *(R,716)*

On voit Céline reprendre dans les dernières décennies de sa vie le thème de l'œuvre sacrificielle. Pour lui, la création, la seule digne d'un écrivain et dont il s'approprie la gloire exclusive, se paye par le don de soi-même. Elle signifie le martyre, le calvaire. Les textes foisonnent où l'écrivain laisse voir cette identification [49] : « *Si ça se dresse les évangélistes ! Mon petit stylo subversif ! Oh là ! là ! sorcellerie ! mon soufre ! corde ! bûche ! poix !* (*F1*,94). Elle se dessine plus nettement dans la correspondance célinienne des années Quarante-sept à Cinquante : « *Quand on se mêle de réformer la création et l'ordre infernal des instincts, on n'a pas fini d'en baver.* » [50]. Une lettre à Ernest Benz du 9 août 1948 énonce exactement le thème : « *Le calvaire comporte depuis toujours le crachat, les injures, le vinaigre... Rien ne m'a manqué, ni ne me manque, je vous assure. Il semble que j'échappe au bûcher c'est déjà joli. Encore ne faudrait-il point qu'on parle trop de moi... Donc je vous en prie mais laissez-moi " négligé et frappé du tabou ". Je veux bien mourir, s'il se peut, sans trop de supplice, dans l'oubli C'est mon seul vœu.* » (HER,143).

Ainsi, il y a eu, pour reprendre l'expression de A. Chesnau, « *récupération christique* » (*LFC1*,147sqq.), mais doublée d'un apport personnel de l'auteur. En effet, si le *soter* biblique accepte la mort dans le but d'endosser la culpabilité collective et d'accomplir une œuvre salvatrice, il ne se détruit pas, il ne s'infecte pas rageusement, ainsi que Céline le fit faire à Semmelweis, puis à ses doubles, puis à lui-même. Le *soter* célinien, quant à lui, fabrique sa mort pour reprocher au monde sa bassesse. C'est une sorte de Christ vindicatif qui aurait empoigné les clous et le marteau pour se river à la

croix et donner encore plus tort aux pharisiens. La sotériologie de l'écrivain n'est donc pas une simple récupération
christique, à peine laïcisée en termes d'autobiographie, mais
va bien plus loin. Elle est le fait d'une longue affabulation
personnelle contractée dès 1924.

À l'époque de la trilogie, le mythe est parachevé, ce qui
n'empêche pas Céline de se faire le satiriste de la pose gran-
diloquente et de ridiculiser l'acteur « La Vigue » et son jeu
« *Christ aux Oliviers* » (*N*,342), Pétain « *l'incarneur* » (*CA*,124),
etc. Néanmoins, il « incarne » à son tour : *D'un château l'autre, Nord, Rigodon*, avec leurs retours en arrière, leurs plon-
gées dans l'apocalypse hitlérienne, leurs vaticinations, constituent un grand « mystère » tragi-comique où Ferdinand, à la
fois Messie et bouffon, lance ses imprécations primordiales
contre le peuple vil, expose ses misères, étale ses échecs parmi les huées. Il se raille, observe sa déconfiture d'écrivain,
ses dettes, périls, petits cercueils épistolaires, mais chacune
de ces tracasseries constitue le signe de son calvaire et de son
élection. L'auto-dévaluation permanente est récupérée dans
le récit, elle prend un sens et joue, toutes proportions gar-
dées, le rôle de la couronne d'épines, du jonc, des crachats,
dans le procès biblique. Le « *clochard vieillard dans la
merde* » (*CA*,53) nous dépeint sa chute pour mieux renforcer
sa grandeur implicite. Sacralisation et persécution se ren-
voient l'une l'autre en un chassé-croisé permanent. Plus
Céline étale sa déroute, plus il entonne le grand air du sacrifice assumé. Et le paradoxe est que cette dramatisation
lyrique atteint son apogée dans *Rigodon*, lequel débute par
une profession explicite d'athéisme : « *Toutes les religions
à " petit Jésus ", catholiques, protestantes ou juives, dans
le même sac ! je les fous toutes au pas ! que ce soit pour le
mettre en croix ou le faire avaler en hosties, même farine !
même imposture ! racontars ! escroquerie !* » (*R*,711). Céline,

athée, antisémite, matérialiste et mystique, reprend à son insu ce qu'il nie, à la différence qu'il est désormais au centre de son propre culte... Il est aisé de relever, au fil des trois derniers romans céliniens, les situations associées au mythe christique :

— La Mission :

[...] évidemment, vous me direz : qu'avez-vous été vous mêler ? certes ! [...] le crime, humainement parlant, l'irrémissible gaffe : penser aux autres !...   (N,537)

[...] je suis le samaritain en personne... samaritain des cloportes... je peux pas m'empêcher de les aider...   (CA,63)

— La proclamation de la vérité dans le désert :

Que peut une pauvre voix contre le Déluge ? qui l'entend ? L'absurde est de penser qu'une voix peut être entendue ! et même mille voix...   (HER,144)

— La haine des pharisiens :

Faut dire... je serais d'une Cellule, d'une Synagogue, d'une Loge, d'un Parti, d'un Bénitier, d'une Police [...] tout s'arrangerait ! sûr ! dur ! pur !... d'un Cirque quelconque !... comme ça que tiennent Maurois, Mauriac, Thorez, Tartre, Claudel !... et la suite !... L'abbé Pierre... Schweitzer... Barnum !... aucune honte !... et pas d'âge ! Nobel et Grand Croix garantis [...] n'importe quoi vous est permis sitôt que vous êtes bien reconnu clown ! que vous êtes certainement d'un Cirque !... vous êtes pas ? malheur ! pas de Chapiteau ? billot ! la hache !...   (CA,18)

— La persécution, le calvaire :

« Ah celui-là, regardez-le, qui n'a plus le droit de " porter plainte " qu'est-ce qu'on va lui mettre ! » d'abord lui faire brûler son lit, sa table, et les chaises... et le refaire passer devant la Cour sous un de ces réquisitoires que ses tripes lui jailliront toutes seules du bide, qu'il en fera le tour de la terre au pas de gymnastique par les sentiers des éclats de verre et la piste des planches à clous...   (N,422-3)

D'un château l'autre, Nord, Rigodon, reconstituent les étapes de cette montée au Golgotha « burlo-tragique » de Céline. Sa passion ubuesque se déroule par épisodes dramatiques ou dérisoires, depuis la fuite de la rue Girardon jusqu'à l'arrestation et l'emprisonnement final. Chaque épreuve est réinterprétée comme une nouvelle « station » ponctuant le calvaire de Louis-Ferdinand ; chassé d'un pays à l'autre et d'un refuge à l'autre, le prophète persécuté tombe dans autant de pièges destinés à faire durer son « hallali ». Au début de *Nord*, on voit l'auteur vaciller sur ses cannes et poursuivre sa route ondulant « *comme les maisons* » (*N*,347). Or, remarque Karl Epting ayant rencontré Céline à Berlin en 1944, l'auteur ne s'est jamais servi de cannes à cette époque. Pourtant celui-ci, dans la nouvelle version de la trilogie, vacille le long d'un parcours symbolique à la fois vrai et imaginé. Anéanti, il s'écroule à chaque station de son calvaire parodique : Berlin - Neuruppin - Königsberg. Il se relève et retombe : Ulm - Sigmaringen ; se traîne encore plus loin : Berlin - Rostock - Copenhague. Systématiquement, de nouveaux protagonistes, présents ou passés, réels ou imaginaires, entonnent leurs récriminations de mauvaise foi, rappellent à Céline son opprobre et sa prédestination.

Certes, de telles situations existaient déjà dans *Féerie* ou *Normance*, mais ce qui importe, c'est la nouvelle dramatisation de l'ensemble, c'est la manière dont ce magma d'images obsédantes s'ordonne en un rituel qui prend un sens : la persécution de Louis-Ferdinand. Céline ne manquera pas la dernière étape de sa Passion : le triomphe au-delà du tombeau : « [...] *je les rendrai tous illisibles !... tous les autres ! flétrides impuissants ! pourris des prix et manifesses ! que je peux comploter bien tranquille, l'époque est à moi ! je suis le béni des Lettres !* » (*R*,855). Il prédit son retour en gloire quand les Temps seront accomplis.

Rayonnant de son soleil noir sur trois petits tas de boue atomiques reconquis par les Tartares, les Chinois ou les Balubas, l'écrivain, disparu à tout jamais, imposera sa vérité, alors indiscutable, à ceux qui n'existeront plus par leur faute : « [...] *ils parleront encore de moi, de mes horreurs de livres, que les Français existeront plus... traduit en mali je serai, ce petit cap d'Asie absolument effacé ! les gens de là, d'autrefois blancs... blonds, bruns, noirs, invraisemblables !... blague de l'Histoire !... déchiffré entre les langues mortes, j'aurai ma petite chance... enfin !* » (731).

Martyr inutile, prêchant au monde la destruction inévitable, Messie nihiliste dont la rédemption absurde se fera en se défaisant dans la dernière ronde des atomes pour sauver une humanité déjà morte, Céline conclut sa sotériologie par une apocalypse bouffonne qui mêle les thèmes bibliques à ses obsessions de l'absurde. Cette « Apocalypse de la Foutaise » amalgame le mythe initial, dévié, réinterprété dans la perspective célinienne, avec des réminiscences saugrenues, laissant apparaître un Louis-Ferdinand équivoque dissimulé derrière le rôle anodin d'amuseur public. Elle s'inspire d'événements choisis dans l'actualité de l'après-guerre et redit saint Jean sur son rocher : ruine, fléaux, ouverture des sceaux ; mais elle ampute l'archétype, ne gardant que le cataclysme sans l'avènement de la terre nouvelle :

— [...] les manuscrits de la mer Noire ?... t'as entendu ?
— Dis vite !... qu'est ce que c'est ?
— Une humanité disparue !
— Alors ?
— Celle-ci va disparaître aussi !
— T'en sais des trucs !
— Que ça m'a coûté assez cher ! [...] (R,728)

Pour l'auteur, la ruée des vacanciers sur la Côte d'Azur, la présence d'un politicien chinois en Occident, l'expérimentation d'une fusée atomique dans le Pacifique, sont autant de symptômes de la fin du monde, de la venue prochaine du grand jour de la colère. Chaque événement devient un signe du dérèglement général auquel l'univers s'abandonne et qui préfigure le déchaînement final de tous les malheurs cosmiques. Céline reprend le thème du combat ultime des forces sataniques contre celles du Bien qui, dans le mythe eschatologique, doit précéder la venue du Sauveur en gloire, en adaptant les images ancestrales des dragons, des langues de feu et des pluies de sang, à un modernisme insolite :

Non, nous ne parlerons pas de l'Apocalypse. Tous les corniauds qui partent en vacances dans leurs petites voitures se foutent pas mal de leur fin prochaine. [51]

[...] écoutez pas les Propagandes Ouest Est Nord elles sont démo-niaquement partiales idiotes mensongères alcooliques, tempo-naires, qu'elles vous jurent que tout va merveille quand c'est la fin des purulences, le bout des spasmes... comme nous ici met-tons demain, la fusée venue, d'Est, d'Ouest, ou Nord, vous me donnerez des nouvelles... [...] vous serez de la bouillie et c'est tout !   (R,842)

Mais, dans la trilogie l'Apocalypse se conclut sur sa première phase : la destruction. La catastrophe est une fin en soi. Cette distorsion du modèle primitif n'est pas apparue de but en blanc dans les écrits de l'après-guerre. Elle se mani-festait déjà au fil des pamphlets, à l'occasion desquels l'au-teur vaticinait l'anéantissement de l'Occident, la ruée des hordes juives et le bouleversement universel. Le prétexte antisémite disparu, Céline poursuivra ses prophéties sans en altérer l'esprit. *Nord* s'ouvre sur ce millénarisme sans restauration : « *Oh, oui, me dis-je, bientôt tout sera terminé... ouf !... assez nous avons vu... à soixante-cinq ans et mèche que peut bien vous foutre la plus pire archibombe H ?... Z ?... Y ?...* » (*N*,303). Dans les dernières années, il n'est plus une interview, une intervention publique où Céline ne voue la race à la dégénérescence, le monde à l'anéantissement :

— Vous avez l'air d'envisager que tout va s'achever dans une espèce d'éclatement atomique ?
— Pas besoin, les Chinois n'ont qu'à avancer, l'arme à la bretelle. Ils ont pour eux l'hygiène, la natalité. Vous disparaissez, vous race blanche. [52]

À la différence que le métissage remplace l'enjuivement, que la bombe atomique domine en leitmotiv, que les hordes d'envahisseurs changent de nom, la hantise de la désintégration cosmique reste la même. Céline prévoit la même régression de l'humanité vers le chaos originel. On retrouve dans la mythologie finale de l'auteur, l'obsession de la déliquescence du monde présent et de la fin de l'espèce humaine.

Dans *Rigodon*, les appels pour alarmer le monde se répètent inlassablement, formant la trame ininterrompue du roman. Car, non seulement Céline réduit son époque « prédiluvienne » au *nihil*, mais il prophétise en détail les épisodes du grand Déluge, en l'an deux, trois mille, dans deux, trois ans, suivant le cas. Avec l'assurance d'un visionnaire, il fait déferler les Mongols sur l'Occident décomposé, lance ses malédictions irréversibles sur un monde déjà mort. Le « Prophète Kamikaze » glisse de la mythologie politique des pamphlets à l'imitation biblique, pour aboutir à la cosmogonie de la foutaise. Il se pose en nouveau Nostradamus d'un messianisme nihiliste.

Mysticisme et prophétisme du rien, la trilogie a des accents d'Apocalypse, mais elle ne propose aucune issue. Son unique but est de révéler qu'il n'y a pas de révélation. Néanmoins le vocabulaire biblique est là, sans support, appelant les orages pour châtier les hommes, éructant contre les turpitudes, colère à l'état pur maudissant tous ceux qui n'ont pas entendu le prophète, lequel convient lui-même qu'il n'a rien à dire puisque rien n'existe. Nous avons déjà noté cette tendance au discours furieux, dépourvu de fondement objectif, à propos de l'antisémitisme célinien, où se trouvaient tellement de juifs et d'enjuivés que l'auteur restait le seul à ne plus l'être. De même celui-ci, en ses prédictions apocalyptiques, n'a retenu de la colère sacrée que la colère seulement. Lanceur d'oracles furibonds, il exulte devant la chute du monde comme le prophète devant la ruine prochaine de Babylone. « [...] *la terre veut pas d'hommes, veut que des hominiens... l'homme est un dégénéré un monstre parmi, qui heureusement se reproduit de plus en plus rarement... l'avenir est aux Balubas hacheurs bâfreurs, goinfreurs de trains... trains complets, voyageurs, cheminots et bébés ! tout ! quand ils seront tous motorisés et l'atome en plus, vous allez voir...* » (*R*,859-60). Vaticinant le pire, Céline jubile en ses lamentations. On remarque, d'autre part, une constante recherche du bouffon, du dévaluant, qui fait de sa prophétie un mélange de trivialité et de mythe.

L'Apocalypse annoncée par Louis-Ferdinand est aussi grossière et péjorative que possible. Elle prend la forme d'un suicide collectif, d'une auto-infection cosmique. Après avoir prophétisé le règne des monstres, selon l'archétype traditionnel, la version célinienne de la fin des temps nous propose quelques épisodes inédits puisés dans le répertoire bardamuesque du néant et du rire : ainsi, les hordes de l'Antéchrist jaune ou noir, suivant ses coquetteries, amateurs de gigot de présalé et de vin de Bourgogne, domineront-elles une nouvelle France arlequine, « *jaune, noire sur les bords* » (*R*,797) ; le peuple des Magogs fera-t-il un grand tour de France gastronomique avant d'atteler les Bretons à ses pousse-pousse : « [...] *les Chinois à Brest, les blancs au pousse-pousse, pas tirés ! dans les brancards !...* » (916). Les tribus de Gogs, métamorphosés en Balubas, ingurgiteront quelques autobus — contenant et contenu — avant d'occuper la gare Saint-Lazare et la basilique Saint-Denis. Tantôt les mêmes envahisseurs se muent en citroëns lâchées à l'état sauvage sur les autoroutes, tantôt ils se transforment en familles françaises à la recherche de restaurants le dimanche :

[...] là, vous pouvez voir la folie !... la trombe vers Versailles ! cette charge des autos !... semaine ! dimanches ! comme si l'essence était pour rien..., autos à une... trois... six personnes !... goinfrées pansues, rien à foutre !... où qu'ils vont tous ?... pinter, bâfrer, pire ! parbleu ! [...] tout rotant de canards aux navets ! ploutocrates, poujades, communisses, rotant pétant plein l'auto-route ! (CA,12)

Dans *Rigodon*, tout part en quenouille dans la goinfrerie sui-cidaire de mangeaille, emportant aussi bien vainqueurs que vaincus. Céline, Rabelais sinistre, brosse une fin des temps de l'an 3000, au cours de laquelle se déchaîne le grand délire culinaire, éthylique, de tous les peuples. Il situe son apoca-lypse dans un climat de gauloiserie noire où la pitrerie se combine au tragique, la trivialité à l'élan prophétique . l'infarctus, les cancers, sont les facteurs annexes de la fin des temps. L'explosion cardiaque, sorte d'atomiseur micro-scopique, se conjugue à la « super bombe Y » pour faire danser à l'espèce humaine son rigodon final que l'écrivain imagine le plus lourd et le plus dérisoire possible : « [...] *qu'ils s'y roulent bien dans les bifteks ! qu'ils fassent ce qu'il faut ! qu'ils se fassent éclater !... et à la sauce !... toutes les sauces !* » (*CA*,16).
    Le *nihil* du *Voyage* a trouvé dans le millénarisme de *Rigodon* son dernier mode d'expression. Après avoir réduit les « *hominiens* » (*R*,860) à n'être que pourriture et mort

en suspens, l'anthropologie célinienne se poursuit en une cosmogonie absurde et farfelue dont l'écrivain est l'unique adepte et le seul Pape. Mais ce faisant, il aboutit à une telle accumulation de non-lieux, de paradoxes, d'allégations en sens contraire, qu'il parvient à nier ce qu'il affirme ou réciproquement, sans que cela ne fasse tomber le moindrement son courroux sacré.

L'Apocalypse revue et corrigée par Céline a ceci d'original qu'elle se refuse tout sérieux, et qu'elle se détruit en même temps qu'elle s'exprime. Son prophétisme s'embrouille en des incompatibilités dont l'auteur ne manque pas de tirer des effets comiques : c'est ainsi qu'après avoir réduit la planète à quelques neutrons, celui-ci imagine un courrier express de paniers de fraises de Plougastel à Tarnopopol-sur-Don... c'est ainsi qu'il supprime les Chinois par la bombe atomique, puis les expédie en Champagne et les fait périr une seconde fois dans les caves de Cognac pour les ressortir à la Préfecture maritime de Brest... qu'il efface la race blanche, la métisse, pour la détruire à nouveau quand bon lui semble, le tout ponctué de réflexions qui laissent voir à quel point Céline était conscient de son délire et savait s'en distancier, le regarder, en évaluer les effets et les procédés esthétiques.

En ce sens, on peut dire que l'écrivain constitue le cas unique d'un homme infatué de mission prophétique et sacrificielle qui soit allé aussi loin que possible dans la logique périlleuse du rôle sans toutefois en périr. Ayant provoqué le destin tout en se dérobant au moment ultime, ayant débridé son inconscient jusqu'au délire tout en sachant fort bien le maîtriser au moment périlleux, ayant annoncé une non-révélation avec des accents de prophètes, recherché le martyre sans croire au sacrifice, il a désamorcé son pessimisme neurasthénique par l'exercice d'une hilarité constante. Il semble y avoir eu en permanence chez ce Gémeaux une aptitude assez exceptionnelle à regarder ses entraînements autodestructeurs, à les conjurer, quand tout semblait perdu, par un opportunisme rusé. Cette ambivalence explique la survie de Céline en dépit d'un comportement suicidaire tant sur le plan politique que personnel : se regarder avec humour mais laisser faire, démonter par le rire les forces qui poussaient inexorablement vers sa perte était une mesure de conjuration.

Le climat de farce dans lequel baignent les mythologies personnelles de Céline les élude, à défaut de les supprimer. Le jeu les désamorce partiellement. Telle est la grande différence entre la paranoïa de J.-J. Rousseau dans ses dernières années et celle de l'écrivain. Le délire de Rousseau, tragique, sans humour, l'affectait douloureusement. Celui de Céline, ludique, conscient de son absurdité et finissant dans le scepticisme, se résolvait en spectacle, en haussement d'épaule. C'est encore ce qui sépare l'instinct de puissance du Moi nietzschéen de celui de Louis-Ferdinand : tandis qu'il entonne le grand air de Prophète martyr, l'écrivain-spectateur nargue sa propre mise en scène et casse le miroir en plaisantant : « *En croix, je me vois, je serais fastidieux, au poteau aussi, il me viendrait que des grossièretés piètres, pas une sublime apostrophe ! Je serais du martyr qu'on sifflerait !* » (*F1*,42). Les séquences abondent où Céline se compare à un prophète bouffon, un Nostradamus facétieux, radoteur. Au cours d'un entretien avec Robert Poulet, l'auteur interrompt brusquement une de ses tirades : « *L'ange exterminateur se tord de rire. — Bon !... Bref... C'est une improvisation étourdissante, où le style saccadé, le ton familier, pourtant emporté par un mouvement épique, rappellent les grands monologues bouffons d'Aristophane.* »[53]. Constamment, Céline, au sein des plus furieux déséquilibres verbaux, démystifie ses mystifications, complice d'un jeu périlleux auquel il ne peut échapper, mais sachant le tourner en parodie. L'auteur joue au sacrifié, il le fait dangereusement, au point de déchaîner le mythe, en même temps, il peut en rire c'est-à-dire s'en sauver. Si L.-F. Céline a souvent insisté sur la poltronnerie de ses personnages, c'est qu'il a conscience que la fuite, en l'occurrence la fuite contre son démon intérieur, représente une grande sauvegarde. Fidèle à ses anti-héros, il mesure le danger, il s'y risque et finit par en réchapper. S'il a été la victime de ses affabulations, Céline les a partiellement tenues sous son contrôle, car il usait de ses stratagèmes habituels, l'humour, l'outrance caricaturale, l'esprit de farce et de loufoquerie. Il apprivoisait et rendait crédible à la fois sa prétention messianique dont il parvenait presque à voir ce qu'elle avait de délirant. Le sentiment de la Foutaise, cette intuition goguenarde de l'absurde, conférant à son pessimisme son aspect original et si ambigu, représente la conjuration cathartique de son délire.

C'est ce qui explique pourquoi le Prophète suicidaire ne s'est jamais détruit et comment il a pu survivre après avoir accumulé tant de provocations. Beaucoup de collaborateurs, parmi lesquels on a cru bon de classer l'écrivain, payèrent de leur vie un fanatisme auquel ils adhéraient aveuglément. Aliénés par leur mythe raciste, ils en furent à leur tour les victimes. Chez Céline, la question est bien plus aléatoire : certes, il sombrait dans un fanatisme semblable, mais centré d'abord et même exclusivement sur Louis-Ferdinand. D'autre part, il le faisait en acteur bien plus qu'en adepte.

Tout laisse à penser que l'auteur du *Voyage* agit de même pour le reste de ses fictions. Incapable de résister à ses mythologies intimes, il s'en fait en même temps le cabotin grandiose. D'où la permanence de la « représentation sur scène », aussi bien dans ses romans que dans sa vie directe.

Tout en organisant son existence selon un schéma catastrophique, tout en jouant le mystère, il n'y participe pas entièrement. Voilà pourquoi, sans doute, Céline sut conjurer l'ultime conséquence : Soter doit mourir au sacrifice — et put finir en « retraité du mythe » qu'il ne cessa de représenter jusqu'à sa mort, retiré à Meudon, prophète Jean d'une révélation du non-lieu, en son Patmos-sur-Seine.

Auprès de ses intimes, l'auteur s'efforça de laisser l'image d'un homme simple et généreux, ami des bêtes, modeste, etc. Il se complut dans l'attitude de l'Ermite, du grand Sage apaisé. Parce que les provocations ne lui étaient plus permises (on tolérait Céline en France faute de l'avoir interdit), par dégoût ou résignation, l'auteur du *Voyage* s'enferma à Meudon. Il adopta une attitude assez différente des précédentes, déroutant une fois de plus ceux qui cherchaient à fixer son image, et reprit avec patience la trame de sa « Passion », se posant en victime innocente de la haine et de la bêtise, vivant en rentier sur le capital accumulé de ses provocations d'antan. Dans ce dernier rôle, le vieux philosophe rusé avait des airs authentiques de prophète persécuté. Comme Semmelweis il subissait. Mais tandis que le premier avait fait son apprentissage de l'amertume dans les aléas du réel, son successeur, Céline, enfermé dans le cercle magique de son mythe de participation, mimait la tragédie de son héros dans le délire des idées et des mots.

CONCLUSION

L'ŒUVRE de Céline exprime un conflit intérieur jamais résolu, qui trouve son ultime aboutissement dans une mythologie romanesque délirante. L'écrivain est le théâtre d'une dissociation entre des impulsions incompatibles.

Une première lecture permet de voir dans cette œuvre le réquisitoire virulent d'un anarchiste pétri de contradictions, à la fois iconoclaste et passéiste, d'un individualiste en révolte sur tous les fronts. Et certes, le *Voyage* et les romans qui lui succèdent s'imposent par la violence de l'entreprise de démystification à laquelle ils procèdent. Le mépris des convenances témoigné par Céline ne pouvait manquer de causer le scandale et le fait encore. Par ailleurs, ce refus spectaculaire est en même temps une provocation volontaire, une profanation artificielle délibérée. L'auteur cultive l'hostilité, trouve une volupté dans l'agression, l'appelle sur lui ;

autant d'attitudes qui permirent à Céline de bâtir sa propre légende d'écrivain prophétique et maudit quand advint la persécution.

L'analyse, à la lumière des schèmes posés dès *La Vie et l'œuvre de Semmelweis*, montre qu'il s'agissait moins d'une vocation au martyre que d'une nécessité interne au mythe de Louis-Ferdinand : l'auteur a mimé un personnage exemplaire ; il en a fait une sorte de héros idéalisé « *issu d'un rêve d'espérance* » (S,81) et tombé dans l'opacité d'un monde chaotique. À travers ses romans successifs, Céline s'est assimilé à son modèle initial par un phénomène de « *participation mystique* » au sens où l'entendait Lévy-Bruhl, et cela jusqu'à incarner le destin du persécuté. Dans cette perspective, les raisons du comportement provocateur de l'écrivain, sa recherche complaisante du malheur, deviennent intelligibles. Il fallait que Louis-Ferdinand se mît à l'écart de son siècle ; il se devait d'être la cible d'un déchaînement de son entourage conformément aux exigences de son mythe.

Sous l'apparence du récit autobiographique et de la dénonciation picaresque, le *Voyage*, *Mort à crédit*, *Nord*, etc. sont organisés autour d'un même drame, celui de la chute de Bardamu, Ferdinand, et Louis-Ferdinand dans un monde perçu en tant que nuit, boue et déliquescence.

La thématique de ces romans découle étroitement de celle de *Semmelweis* quoiqu'elle s'exprime sur le mode opposé : celui de l'injure et de la profanation cultivée. En outre, elle laisse voir que la démarche célinienne n'est pas seulement celle d'un naturaliste visionnaire, mais plutôt celle d'un mystique à rebours. L'antihéroïsme rancunier des doubles de l'écrivain, leur nihilisme traversé d'aspirations nostalgiques, leurs virevoltes de la provocation ordurière au rêve inassouvi, toutes ces contradictions apparentent le *Voyage* et les romans qui lui succèdent à un drame gnostique.

Céline retrouve, à son insu, bon nombre d'archétypes de cette vision à partir de laquelle il forge une mythologie contemporaine du néant qui marque sa conception des êtres et de la vie d'un pessimisme quasi métaphysique. Il déchire ses personnages entre l'idéal et la chute, il erre lui-même d'un possible à l'autre, de Semmelweis l'inaccesible à Bardamu qui se réduit par dépit à la banalité, de la lucidité géniale au délire grégaire, de la mysticité pure au ricanement profanateur, de l'élévation au désespoir hilare, sans jamais parvenir à rompre le cercle des exclusives.

Amalgame des contraires, l'œuvre célinienne est le cri pathétique de l'homme désaccordé, et c'est là que résident sa puissance et son audience. On peut y déceler un perfectionnisme implicite, voire affirmé, qui lui arrache des accents d'un lyrisme intense. Mais aussitôt, le sentiment de l'absurde, le sarcasme, viennent détruire toute possibilité d'idéal. On découvre, sous le masque d'un naturalisme apparent, qui diffère par ses outrances tant de celui d'un Eugène Dabit que de celui de Zola, une peinture réductrice, avilissante, scatologique, dont les exagérations sont révélatrices d'un vertige de l'Absolu, d'une nostalgie spirituelle contrariée.

Du *Voyage* à *Rigodon*, les contradictions s'accumulent sans que jamais l'auteur les résolve, et déjà le premier roman de Céline se perd dans l'inachevé. Déjà le geste permanent est fixé : il consiste, inlassablement, à rabaisser les élans de l'homme sans cesser jamais de l'accuser de bassesse et de duplicité. C'est ainsi que l'auteur parvient à refuser tout sublime tout en dénonçant le manque universel d'aspirations vers le sublime.

Afin de résoudre cet état conflictuel, Céline a usé du subterfuge archaïque que lui offrait la fable manichéenne du racisme. Mais son antisémitisme, contrairement à celui des activistes, aboutit à une rage dans le vide, à une colère sans support. Cependant, l'échec des pamphlets lui permet de reprendre et d'actualiser son premier mythe, celui de Semmelweis, le prophète bafoué. Dans l'après-guerre, l'écrivain orchestre, sur la trame d'événements réels, le « mystère de Louis-Ferdinand ». La trilogie, ponctuée par les interventions du narrateur et ses prédictions catastrophiques, constitue une nouvelle sotériologie bouffonne gravitant autour de la mise à mort éventuelle de l'écrivain auteur-acteur.

Tel est le dénouement d'une œuvre enfermée dans ses schèmes autodestructeurs, qui finit par se retourner contre elle-même ainsi que l'avaient auguré L. Trotsky (HER,434), Élie Faure (76-7) et bien d'autres. Mais ce qui frappe surtout, dans la mythomanie de Céline, c'est l'esprit ludique par lequel elle s'exprime. Ce qui déroute, dans l'infatuation prophétique de *Nord* et de *Rigodon*, c'est la constante de l'élément parodique au sein de l'affabulation.

Céline a incarné le tragique semmelweisien, mais presque toujours sur le plan du jeu, appelant sur lui les catastrophes mais toujours s'en garant. De là cette impression de « vécu sur scène », comme s'il avait mimé ce qu'il endurait. Affabulateur, mais aussi démystificateur au point de n'adhérer à rien, pas même à lui-même, Céline a manié l'absurde avec une allégresse vivifiante. Il a bâti son « huis clos » avec une hilarité et un génie comique proportionnels à son angoisse et à son pessimisme. Il y a là des contradictions dont il avait fini par s'accommoder et auxquelles ses écrits doivent ce mélange de neurasthénie et de rire qui font leur originalité.

S'il fallait trouver une définition sommaire de ces mythologies céliniennes qui s'autodétruisent à mesure qu'elles se constituent, s'il fallait choisir une formule qui rende compte de la portée de l'œuvre dans tous ses déroulements antinomiques jamais résolus, celle de la vis sans fin nous viendrait à l'esprit : la spirale monte mais n'aboutit jamais, geste fondamental de Céline. De son premier roman à la trilogie, l'auteur, après avoir parcouru les mêmes méandres, proposé les mêmes rébus, en revient au point mort sur lequel s'ouvrait le *Voyage*. Il semble que la seule conviction à laquelle ce mystique frustré soit parvenu, est qu'il représentait, lui seul, le Prophète exclusif de la Révélation de l'Absurde.

NOTES

1. Robert POULET, *Entretiens familiers avec Céline* (Paris, Plon, 1958), p. 42.

2. J.-P. SARTRE, *Réflexions sur la question juive* (Paris, Gallimard, 1947) ; RABI, « Un Ennemi de l'homme » (HER3, pp. 262—7) ; Roger VAILLAND, « Nous n'épargnerions plus L.-F. Céline » (*La Tribune des nations*, 13 janv. 1950).

3. L.-F. DESTOUCHES, *La Vie et l'œuvre de Philippe Ignace Semmelweis* (Paris, 1924). Thèse d'état pour le doctorat en médecine soutenue à la Faculté de Paris le 1er mai. Publiée en décembre 1924 à l'imprimerie François Simon, 38, bd. Laënnec, Rennes.

4. Le glissement du singulier au pluriel en dit long sur la participation de L.-F. Destouches avec son « jumeau » exceptionnel.

5. François GIBAULT, *Céline* (Paris, Mercure de France, 1977).

6. « Après le prix Goncourt, Céline le prisonnier », interview de *Paris-soir*, 8 déc. 1932. Voir aussi les articles de P.-J. LAUNAY, *Paris-soir*, 10 nov. 1932 (*CC1*, 21-2), Max DESCAVES, *Paris-midi*, 2 déc. 1932 et G. BERNANOS, *Le Figaro*, 13 déc. 1932.

7. M. HINDUS, *L.-F. Céline tel que je l'ai vu* (Paris, L'Herne, 1969). [Original : *The Criptedgiant. A bizarre adventure in contemporary Letters* (New York, 1950).]

8. Voir *FI*,150 sqq.,173.

9. F.-G. SLAUGHTER, *Cet inconnu, Semmelweis* (Paris, Presses de la Cité, 1953).

10. William J. SINCLAIR, *Semmelweis, sa vie et sa doctrine* (Manchester, University Press, 1909). Voir aussi : Dc MURPHY, *Bulletin of the History of Medecine*, vol. XX, no. 5, Dec. 1946. A. KŒSTLER, *L'Art à la découverte de l'Art* (Paris, Calmann-Lévy, 1965).

11. Tiberius de GYÖRŸ, « Remarques sur les derniers jours de Semmelweis », *La Presse médicale*, 32e an., n° 73, 10 sept. 1924, pp. 1531-2 (*CC*3,94—6).

12. André BRETON, *Clair de terre* (Paris, Gallimard, « Poésie », 1966), p. 100.

13. K.G. JUNG, *Dialectique du Moi et de l'inconscient* (Paris, Gallimard, 1964), pp. 90-1.

14. Entretien du 6 février 1950 accordé à J. GUÉNOT in *Céline, damné de l'écriture* (Paris, dépôt M.P. [3, rue Serpente], 1973), p. 49.

15. Article de Pierre DESCAVES, *L'Avenir*, 15 déc. 1932.

16. Témoignage de Colette DESTOUCHES.

17. Jean-Pierre RICHARD, *Nausée de Céline* (Montpellier, Fata Morgana, 1973).

18. Lettre à Élie Faure, supposée de fin 1934 (HER,75).

123

19. Lettre du 27 mai 1951 (HER,172).

20. Marc HANREZ, *Céline* (Paris, Gallimard, 1961).

21. Ivan ANISSIMOV, « Préface à la traduction russe de *Voyage au bout de la nuit* », 1936 (HER,455).

22. André BRETON, « Réponse à l'enquête sur le procès Céline », *Le Libertaire*, 20 janv. 1950.

23. Lettre du 30 juillet 1935 (HER,77).

24. J.-F., « La Célinomanie », *Candide*, 9 juin 1936 (Œ,II,754).

25. Charles BAUDELAIRE, « *Quand le ciel bas et lourd* » (Paris, Gallimard, « Bibl. de la Pléiade », 1975), p. 74.

26. Remarque rapportée par J.-F., *Candide*, art. cité (n. 24).

27. Interview accordée à Jacques IZOARD, *L'Essai*, nov. 1959 (CC2,138).

28. Propos recueillis par DARCYL, *Paris-match*, 24 juill. 1960 (CC2,180).

29. Jacques LACARRIÈRE, *Les Gnostiques* (Paris, Gallimard, 1973), p. 21.

30. Merry BROMBERGER, « Le Docteur X, alias M. Céline. Une interview dans une clinique » *L'Intransigeant*, 8 déc. 1932 (CC1,29).

31. Marcel BROCHARD, « Céline à Rennes » (HER,203).

32. Paul DESANGES, notes sur la correspondance entre L.-F. Céline et Élie Faure (HER,72).

33. Marcel LAPIERRE, *Le Peuple*, 3 juin 1936 (Œ,II,746—8).

34. Lettre à Marie Canavaggia, 22 mai 1936 (Œ,II,720).

35. Lettre à Marie Canavaggia, 20 mai 1936 (Œ,II,720).

36. Norman COHN, *Histoire d'un mythe ; la conspiration juive et les Protocoles des Sages de Sion* (Paris, Gallimard, 1957), p. 250.

37. André GIDE, « Céline, les juifs et Maritain », *La Nouvelle Revue française*, 26e an., t. L, n° 295, 1er avril 1938, pp. 630—4.

38. Réponse aux accusations formulées par la justice française. Texte rédigé à Copenhague par Céline. Dix pages à tirage limité — ronéotypé (HER,483—6).

39. Charles MAURRAS, *L'Action française*, 19 févr. 1936.

40. E. HELPÉRINE-KAMINSKI, *Céline en chemise brune ou le mal du présent* (Paris, Nouvelles Éditions Excelsior, 1938).

41. Adolph HITLER, propos de table in *Hitler's Secret Book* (New York, 1961) ; repris par Norman COHN, *Histoire d'un mythe* (op. cit.), p. 184.

42. Lucien REBATET, *Dimanche-matin*, 30 juin 1957.

43. Jugement prononcé contre Céline, par défaut, le 21 février 1950 par la troisième sous-section départementale de la Seine, statuant par contumace. Reproduit dans l'article « Céline est condamné à un an de prison », *Le Monde*, 23 févr. 1950.

44. Albert NAUD, *Les défendre tous* (Paris, Laffont, 1974), pp. 321—3.

45. Interview avec Pierre AUDINET, « La Dernière invective de Céline », *Arts*, 24—30 nov. 1965 (*CC2,206*).

46. Cf. la chronologie et les notes établies par H. GODARD dans l'édition critique *D'un château l'autre, Nord, Rigodon* (Paris, Gallimard, « Bibl. de la Pléiade », 1974), p. 955. Aussi la polémique évoquée par L. REBATET dans *Dimanche-matin* (30 juin 1957-1er juill. 1957) entre Céline et un certain nombre de membres de l'extrême-droite : Cousteau, Faucher, Coston, reprochant à l'auteur de caricaturer grossièrement Sigmaringen : « *Il les présentait comme des guignols* ».

47. Allusion au procès en diffamation intenté par Mme SCHERZ après la publication de *Nord* : « *Ce Monsieur Céline a écrit des horreurs sur moi* », *Paris-presse*, 2 juin 1962 : « *Ce Monsieur Céline a écrit des horreurs sur moi... Sous le nom d'Isis Scherz, il m'a décrite comme une femme de mauvaise vie qui cherche à empoisonner son mari. Dans ce domaine du Brandebourg, il a raconté que s'y déroulaient des bacchanales... Éric Scherz était paralysé quand Céline le connut. Il l'a décrit comme un demi fou. [...] Nous avons vu Céline trois fois, il avait l'air d'un charlatan.* »

48. Roger CAILLOIS, *L'Homme et le sacré* (Paris, Gallimard, 1950), p. 42.

49. « Entretien » avec Albert ZBINDEN (in II) (Paris, Gallimard, « Bibl. de la Pléiade », 1974), R. DAIJAVEL, *Journal d'un homme simple* (Paris F. Chambriand, 1951), p. 180. Repris in II, pp. 716-7 ; « Autour du Procès Céline », *New Leader*, Dec. 1948 : « *Céline est un saint et il paye de son sang la grandeur d'être comparable à un ascète de l'antiquité, d'être un nouveau Jérémie ou un nouveau saint Jérôme.* »

50. Lettre du 7 juillet 1948, destinataire inconnu, *Écrits de Paris*, 1961.

51. L. PAUWELS, J. MOUSSEAU, J. FELLER, « Céline, la tendresse sans pitié » in *En français dans le texte* (Paris, France-Empire, 1960).

52. Madeleine CHAPSAL, *Les Écrivains en personne* (Paris, Julliard, 1960), p. 88.

53. Robert POULET, *Entretiens familiers avec Céline* (*op. cit.*), p. 2.

TABLE

TYPOGRAPHIE DE COMPO SÉLECTION (PARIS)
IMPRIMERIE F. PAILLART (ABBEVILLE) – D. 4618
Dépôt légal : 4ᵉ trimestre 1979.   *Printed in France.*